ショートケーキからタルト、ドーナツ、マカロン、
カンノーリ、大福、甘酒ゼリーまで

いちごのお菓子づくり

Natural & Elegant Strawberry sweets

はじめに

誰の目も惹きつける、輝く宝石のような見た目。
甘くて、ジューシーで、ほのかな酸味があり、
フレーバーもことのほかよく、
そのまま食べてもお菓子に使っても、おいしい。
子どもから大人まで、世代を超えて愛される果物、
それがいちごです。

この本では、いちごを使ったお菓子と、
その作り方をご紹介しています。

マクロビオティックやヴィーガンをベースにした
料理教室「roof」を主宰する今井ようこさんは、
卵・白砂糖・乳製品を使わずに、シンプルな材料で作る
いちごのお菓子を提案。
混ぜて焼くだけの簡単な焼き菓子から、
大福や琥珀糖、甘酒を使ったレイヤーゼリーなど、
いちごとよく合う和テイストのお菓子までを展開しています。

フランス菓子の作り方をベースに、
華やかでエレガントないちごのお菓子を考案してくれたのは、
フランス菓子のサロン「l'erable」を主宰する藤沢かえでさん。
スパイスやハーブ、お酒を効かせた、
大人っぽい味のいちごのお菓子を紹介しています。

どちらの先生も、
「人気のフルーツだけに、レシピ開発にはプレッシャーがかかった」
とおっしゃっていましたが、
完成したレシピは、どれも文句なしの出来映え。
他では味わえない、素敵なお菓子が揃いました。

どのお菓子も、
「家で作るからこそ、できる贅沢」として、
これでもかというほど、たくさんのいちごが使われています。

甘酸っぱくてかわいいいちごが、お菓子に生まれ変わることによって、
よりおいしく感じられるようになりました。

旬のいちごを使ってぜひあれこれ作ってみてください。

contents

フランス菓子ベースの

エレガントないちごのお菓子

Dessert elegant Strawberry

［ この本のルール ］

・大さじ1は15㎖、小さじ1は5㎖。

・オーブン使用の場合、電気でもガスでも本書のレシピ通りの温度と時間で焼いてください。ただし、メーカーや機種によって火力が違うので、様子を見ながら温度は5℃前後、時間は5分前後、調整してください。

・電子レンジは600Wのものを使用しています。500Wのものをお使いの場合は加熱時間を1.2倍にのばしてください。

卵・白砂糖・乳製品なしの
いちごのナチュラルスイーツ
Natural Strawberry Sweets

いちごの赤ワイン煮
→作り方はP8

卵、白砂糖、乳製品を一切使わない
いちごのお菓子をご紹介します。
てんさい糖やメープルシロップ、豆腐や甘酒をベースにしているので、
優しい甘みゆえに、いちごの酸味や香りが
存分に生かされているのが特徴です。
アレルギー体質の方が安心して食べられるのはもちろん、
毎日でも食べたくなる体に優しいスイーツです。

いちごのローズマリー煮
→作り方は P9

いちごのラベンダー煮
→作り方は P9

いちごの赤ワイン煮

いちごの食感が残る程度に煮た赤ワイン煮です。ジャムとしてトーストにのせたり、アイスクリームに添えたり、炭酸水で割ったりして楽しむことができます。お菓子によって、また、好みに合わせて煮詰める時間を調整してください。

材料 作りやすい分量

いちご … 400g

てんさい糖 … 60g

レモン果汁 … 大さじ1

赤ワイン … 100㎖

作り方

1 いちごは洗って、ペーパーでしっかり水けをのぞき、包丁でヘタを取る。

2 鍋に1と残りのすべての材料を入れて@、中火にかける。

3 沸いたらアクを取りⓑ、ふたをして弱火で20分ほど煮るⓒ。あとは、好みの濃度になるまで煮詰めるⓓ。

(保存期間)

・冷蔵庫で約7日間保存可能です。

いちごのラベンダー煮

いちごにラベンダーの香りを移して風味を華やかにしました。炭酸水で割ってモクテル風にしたり、ゼリーにしてラベンダーの香りをぎゅっと閉じ込めたりするのもおすすめです。

材料 作りやすい分量

いちご … 400g
てんさい糖 … 50g
レモン果汁 … 大さじ1
ラベンダー（生）… 3枝

作り方

1　いちごは洗って、ペーパーでしっかり水けをのぞき、包丁でヘタを取る。

2　鍋に1とてんさい糖、レモン果汁を入れて軽く混ぜ、1時間ほどおく。

3　水けが出てきたら強火にかけ、沸いたらアクを取り、ふたをして弱火で10分ほど煮る。

4　ラベンダーを入れ、10分ほど煮る。あとは、好みの濃度になるまで煮詰める。

（保存期間）
・冷蔵庫で約7日間保存可能です。

いちごのローズマリー煮

ローズマリーの香りを移したいちご煮は、キリッとした大人っぽい味わいです。

材料 作りやすい分量

いちご … 400g
てんさい糖 … 50g
レモン果汁 … 大さじ1
ローズマリー（生）… 2枝

作り方

作り方は、いちごのラベンダー煮と同じ。ラベンダーをローズマリーに置き換えて作る。

（保存期間）
・冷蔵庫で約7日間保存可能です。

いちごのハーブマリネ

材料 作りやすい分量

いちご … 200g

A いちご … 200g

　しょうがのすりおろし … 10g（汁のみ使う）

　アガベシロップ … 大さじ 1 ～ 2

　※はちみつでもよいが、風味は変わる。

　塩 … 少々

B メープルシロップ … 大さじ 1/2 ～ 1（好みで調整）

　ハーブの葉（ミント、セージ、セルフィーユ）

　　 … 各 4 ～ 5 枝

　ライム（またはレモン）の皮のすりおろし … 1/2 個分

作り方

1　いちご（**A**のいちごを含む）は洗って、ペーパーでしっかり水けをのぞき、包丁でヘタを取る。大きいものは半分に切る。

2　**A**をハンドブレンダーで攪拌する。

3　ボウルに1のいちごと2、**B**を入れてあえる。

いちごの華やかな香りに、
ハーブのキリッとした香り、
さらにしょうがや柑橘の爽やかな香りを
ほのかに重ねて作るマリネです。
そのままつまんでも、
ヨーグルトやアイスクリームに
添えて食べてもおいしいです。

いちごのホットビスケット風

表面はカリッと、中身はふわっと仕上げた
いちごのホットビスケット。
口の中にいちごの果汁がジュワッと広がり、
そこにカモミールの香りが立ちます。
食感と香りを存分に堪能してください。

材料 5個分

いちご … 5個

A 強力粉 … 75g

　薄力粉 … 75g

　てんさい糖 … 30g

　カモミールティーの茶葉 … 1パック
　※ティーバッグを使用。

　ベーキングパウダー … 小さじ1

　塩 … ひとつまみ

植物性油 … 大さじ3

豆乳ヨーグルト … 大さじ3

下準備

＊天板にオーブンシートを敷く。

＊オーブンを170℃に予熱する。

作り方

1　いちごは洗って、ペーパーでしっかり
　水けをのぞき、包丁でヘタを取り、縦
　に4等分に切る。

2　ボウルにAを入れてゴムべらで混ぜ
　合わせる。植物性油を加えてゴムべ
　らで切るようにして混ぜる。

3　2のボウルに豆乳ヨーグルトを加えて
　混ぜ@、さらに1のいちごを加え、ゴ
　ムべらでさっくりと混ぜ合わせる⑥。

4　こねないように手で優しくまとめる。粉
　がまとまりにくいときは豆乳ヨーグルト
　（分量外）を足す©。

5　4を5等分にして、生地を軽くまとめ
　て天板にのせ⑥、170℃に予熱した
　オーブンで18〜20分焼く。

いちごとライムの甘酒アイス

こっくりした玄米甘酒をベースに、甘酸っぱいいちごをたっぷりミックスして、アイスクリームを作りました。ココナッツミルクとライムの香りをきかせた爽やかな風味が特徴です。体に負担の少ないアガベシロップを使うとよりヘルシーなアイスクリームに。

材料 作りやすい分量

いちご … 200g

玄米甘酒 … 185g

アガベシロップ … 大さじ3
※はちみつでもよい。ただし風味は変わる。

無調整豆乳 … 大さじ2

ココナッツミルク … 大さじ2

ライムの皮のすりおろし … 2個分

作り方

1　鍋にすべての材料を入れ、ミキサーで攪拌する。

2　1を保存容器に入れ、冷凍庫で冷やし固める。まだ少し柔らかい状態のうちに、時々取り出して、ハンドブレンダーでなめらかにする。

材料 グラス2個分

いちご … 4個

A いちごの赤ワイン煮 (P8) … 50g

　いちごの赤ワイン煮のシロップ (P8)

　　… 大さじ3

　白ワイン … 大さじ2

　粉寒天 … 小さじ1/4

豆乳ヨーグルト … 60g

いちごとライムの甘酒アイス (P14) … 適量

クランブル (P16) … 適量

下準備

* ボウルにざるを重ね、ペーパー
　タオルをのせ、豆乳ヨーグルト
　を入れる。ひと晩水きりして半
　量 (30g) にする。

* いちご2個は薄切りに、もう2
　個は半分に切る。

作り方

1　小鍋に**A**を入れて火にかけ、沸い
　たら弱火で2分ほど加熱する。粗
　熱が取れたら容器に入れて冷蔵
　庫で固める。

2　グラスに1のゼリーを入れ、半分に
　切ったいちごをゼリーに押し込み、
　水きりしたヨーグルト、いちごとライ
　ムの甘酒アイスを順に入れ、クラン
　ブル、薄切りにしたいちごをのせる。

いちごの赤ワイン煮、
赤ワイン煮のシロップで作ったゼリー、
いちごとライムの甘酒アイス、クランブルなど
本書に登場するお菓子たちで
クープを作りました。

いちごゼリーのクープ

いちごのクランブルチーズケーキ

材料 縦15×横7×高さ6cmのパウンド型1台分

いちごの赤ワイン煮（P8） … 100g

豆乳ヨーグルト … 600g

A てんさい糖 … 40g

　メープルシロップ … 大さじ2

　カシューナッツ（食塩不使用） … 30g

　酒粕 … 40g

　白みそ … 大さじ1

　レモン果汁 … 大さじ2

　葛粉 … 15g

　バニラビーンズ … 3cm

B 薄力粉 … 30g

　アーモンドプードル … 15g

　てんさい糖 … 15g

植物性油 … 大さじ2

下準備

＊ボウルにざるを重ね、ペーパータオルをのせてAの豆乳ヨーグルトを入れる。ひと晩水きりして半量（300g）にする@。

＊バニラビーンズのさやに切り目を入れ、種をかき出す。

＊型にオーブンシートを敷く。

＊オーブンを160℃に予熱する。

作り方

1　いちごの赤ワイン煮を小鍋に入れ、水分が半量になるくらいまで煮詰める。

2　水きりした豆乳ヨーグルトとAをミキサーかハンドブレンダーでなめらかになるまで攪拌する⒝。

3　2に、いちごの赤ワイン煮の2/3量を加えて軽く混ぜ合わせ、型に流し入れる。残りのいちごの赤ワイン煮をのせる⒞。

4　160℃に予熱したオーブンで25～30分焼く。粗熱が取れたら、冷蔵庫で冷やす。

5　クランブルを作る。ボウルにBを入れ、植物性油を少しずつ加えながら指先で油を全体に散らすように混ぜ⒟、そぼろ状にする⒠。

6　天板に5を広げ⒡、170℃のオーブンで15～20分、きつね色になるまで焼く。

7　6の粗熱が取れたら4に6をのせる。

豆乳ヨーグルトに酒粕や白みそなどをミックスして作る、ナチュラルベースのチーズケーキです。動物性食品不使用とは思えないほどのコクと風味の秘密は、カシューナッツ。煮詰めて濃厚にしたいちごの赤ワイン煮との相性も抜群です。ほろほろと口どけのよいクランブルの食感も楽しんでください。

いちごのカップケーキ

いちごの赤ワイン煮をギュギュッと挟んだ、
ふんわり、しっとりした食感のカップケーキ。
そのまま食べてもおいしいですが、
いちごの赤ワイン煮のシロップで作った
アイシングをかけることで、
見た目も味わいも華やかになります。
ラベンダー煮やローズマリー煮で作っても
おいしく仕上がります。

材料 口径6cmのカップケーキ型6個分

いちご … 6個

A 薄力粉 … 100g

　アーモンドプードル … 30g

　てんさい糖 … 20g

　ベーキングパウダー … 小さじ1

B 無調整豆乳 … 100mℓ

　いちごの赤ワイン煮のシロップ（P8）

　　… 大さじ1

　メープルシロップ … 大さじ1

　植物性油 … 大さじ3

いちごの赤ワイン煮（P8） … 12粒

［アイシング］

C てんさい糖（粉末タイプ） … 大さじ1

　いちごの赤ワイン煮のシロップ（P8）

　　… 小さじ1/2

下準備

＊オーブンを180℃に予熱する。

＊Aの薄力粉をふるう。

作り方

1　ボウルに**A**を入れ、ゴムべらで混ぜ合わせる。

2　別のボウルに**B**を入れ、泡立て器でよく混ぜる。

3　1のボウルに2を加え、ゴムべらでさっくりと混ぜ合わせる。

4　型の半分まで3の生地を入れ、いちごの赤ワイン煮を2粒入れる。残りの生地を上から入れる。

5　180℃に予熱したオーブンで25〜30分焼く。

6　アイシングを作る。ボウルに**C**を入れて湯煎にかけ、ゴムべらで混ぜて砂糖を溶かして、なめらかにする。

7　5のカップケーキが冷めたら6のアイシングをかける。洗って水けをのぞいたいちごを飾る。

いちご畑を思わせる、
いちごずくめのスコップケーキです。
フレッシュないちごに、いちごの赤ワイン煮、
いちごのシロップをふんだんに重ねました。
複数の種類のいちごを使うと、
見た目にも味わいにもリズムが生まれます。
もし手に入るようなら、
いろいろないちごを使ってみてください。

いちごのスコップケーキ

材料 長径22×短径13×高さ4.5cmのオーバル型1台分

いちご … 25〜30個
いちごの赤ワイン煮（P8）… 150g
いちごの赤ワイン煮のシロップ（P8）… 大さじ6
A 薄力粉 … 120g
　全粒薄力粉 … 30g
B アーモンドプードル … 40g
　てんさい糖 … 25g
　ベーキングパウダー … 小さじ1と1/2
C 植物性油 … 大さじ2
　メープルシロップ … 大さじ2
　無調整豆乳 … 150ml
豆腐クリーム（P27）… 全量

下準備

＊型にオーブンシートを敷く。
＊オーブンを170℃に予熱する。
＊Aの薄力粉をふるう。

作り方

1　ボウルにAを入れ、Bを加えてゴムべらで混ぜ合わせる。

2　別のボウルにCを入れて泡立て器で混ぜ合わせる。

3　1のボウルに2を加え、ゴムべらで切るようにし、また底から天地を返すようにして、さっくりと混ぜ、型に流し入れる@。

4　170℃に予熱したオーブンで20〜25分焼く。竹串をさして何もついてこなければ焼き上がり。型からはずし、冷ます。

5　4のケーキの厚みを半分に切って、下の1枚を型に置く。いちごは洗って、ペーパーでしっかり水けをのぞく。飾り用に、そのうちの2/3量のヘタを取って、縦に半分に切る。

6　5のケーキの上にいちごの赤ワイン煮のシロップ大さじ3を全体に塗り広げ、豆腐クリーム1/3量も全体に広げる⑥。

7　6の上にいちごの赤ワイン煮を全体に広げ©、5のいちごの1/3量を全体にのせる@、豆腐クリーム1/3量を全体に広げる⑥。

8　半分に切った上の1枚のケーキの裏にいちごの赤ワイン煮のシロップ大さじ3を塗り①、7の上にのせる。

9　残りの豆腐クリームを全体に広げ⑧、残りのいちごをのせる。

フレッシュないちごと、乳化剤や上白糖を使わずに作られたヴィーガン用のチョコレートをたっぷりのせた、食べごたえのあるケーキです。カルダモンの香りをきかせたところもポイントです。

いちごとチョコチャンクのケーキ

材料 18cm四方の角型1台分

いちご … 100〜120g

チョコレート（ヴィーガン用）… 80g

A 薄力粉 … 150g

　　アーモンドプードル … 100g

　　てんさい糖 … 50g

　　ベーキングパウダー … 小さじ2

　　カルダモンパウダー … 小さじ2

B 植物性油 … 大さじ5

　　無調整豆乳 … 150mℓ

下準備

＊Aの薄力粉をふるう。

＊型にオーブンシートを敷く。

＊オーブンを180℃に予熱する。

作り方

1　いちごは洗って、ペーパーでしっかり水けをのぞく。包丁でヘタを取り、縦に半分、または1/4に切る。

2　チョコレートは大きめに粗く刻む。

3　ボウルにAの材料を入れてゴムべらで混ぜ合わせる。

4　別のボウルに Bを入れて泡立て器でよく混ぜる。

5　3のボウルに4を加えて、ゴムべらで切るように混ぜ、底から天地を返すようにして⒜、混ぜすぎないようにさっくりと混ぜる。

6　型に5を入れ、1のいちごと2のチョコレートを全体にのせる⒝。

7　180℃に予熱したオーブンで30〜40分焼く。竹串をさして何もついてこなければ完成。

いちごとピスタチオのショートブレッド

ピスタチオがたっぷり入った
サクサクのショートブレッドに、
バニラの香る豆腐クリームを絞り、
甘くてジューシーないちごと
香ばしいピスタチオをのせたお菓子。
ふわっと香るミントがポイントです。

いちごとピスタチオの
ショートブレッド

材料 15cm四方の角型1台分

いちご … 7個

ピスタチオ … 適量

ミントの葉 … 20枚

A 薄力粉 … 100g

　アーモンドプードル … 30g

　てんさい糖 … 30g

　塩 … ひとつまみ

　ピスタチオ … 20g（細かく刻む）

B 植物性油 … 大さじ2

　無調整豆乳 … 大さじ2

　ピスタチオペースト … 大さじ2

豆腐クリーム … P27の半量

下準備

＊オーブンを170℃に予熱する。

作り方

1　ボウルに**A**を入れてゴムべらで混ぜ合わせる。

2　別のボウルに**B**を入れて泡立て器でよく混ぜる。

3　1のボウルに2を加えてゴムべらで混ぜ合わせⓐ、手でひとまとめにするⓑ。粉がまとまりにくいときは、豆乳（分量外）を少し加えてまとめる。四角く整える。

4　型にオーブンシートを敷いて折り目をつけ、調理台に出し、中心に3をのせるⓒ。オーブンシートを90度ずつ回しながら、底面の大きさに合わせてめん棒でのばすⓓ。

5　型に4を入れて側面をきれいにならし、フォークで全体に穴をあけるⓔ。

6　170℃に予熱したオーブンで20分焼いて、冷ます。

7　口径1cmの丸口金をつけた絞り袋に豆腐クリームを入れて、6の上にランダムに絞るⓕ。

8　いちごは洗って、ペーパーでしっかり水けをのぞく。包丁でヘタを取り、縦に半分に切る。7の上に、ミントの葉とともに飾る。ピスタチオを刻んで全体に散らす。

［豆腐クリーム］

材料 作りやすい分量

木綿豆腐 … 300g

A メープルシロップ … 大さじ3

　塩 … ひとつまみ

　無調整豆乳 … 大さじ1

　バニラビーンズ … 2〜4cm

　※さやに切り目を入れて種をかき出す。さやも使う。

作り方

1　豆腐を熱湯で5分ゆでる。

2　ボウルにざるを重ね、豆腐をペーパータ
　　オルで包んで、のせる。重石をのせて30
　　〜60分ほどおき、水きりする。

3　容器に2とAを入れてハンドブレンダーで
　　つややかでなめらかな状態にする。固さ
　　や甘みをみながら、豆乳大さじ1やメー
　　プルシロップ大さじ1程度を加減しなが
　　ら加え、なめらかなクリーム状にする。（で
　　きればここで半日〜1日おくと、バニラの
　　風味がよりなじむ）。

　　＊使用する豆腐や水きりの加減で状態が変わる
　　ため、クリームが柔らかくなりすぎないよう様子をみ
　　ながら、少量の豆乳やメープルシロップを後から
　　加えて調整するのがポイント。

いちごの焼きこみタルト

しょうがをきかせたアーモンドクリームの生地に、
フレッシュないちごを並べて焼いたタルトです。
シンプルなぶん、いちごの香りと酸味が
ストレートに味わえます。
仕上げにレモンの皮を散らすのを忘れずに。
焼くことで甘みがグッと強まり、
果肉がとろっとした
いちごの風味をぜひ味わってください。

いちごの焼きこみタルト

材料　直径18cmのタルト型1台分

いちご … 7〜8個

A 全粒薄力粉 … 70g

　薄力粉 … 70g

　てんさい糖 … 20g

　塩 … ひとつまみ

B 植物性油 … 50㎖

　無調整豆乳 … 30㎖

C アーモンドプードル … 100g

　全粒薄力粉 … 20g

　ベーキングパウダー … 小さじ1

　ジンジャーパウダー … 小さじ1

　塩 … ひとつまみ

D 植物性油 … 大さじ2と1/2

　メープルシロップ … 大さじ2と1/2

　無調整豆乳 … 大さじ2と1/2

レモンの皮のすりおろし … 適量

下準備

＊オーブンを180℃に予熱する。

作り方

1　ボウルにAを入れ、ゴムべらで混ぜ合わせる。

2　別のボウルにBを入れて泡立て器で混ぜる。

3　1のボウルに2を入れて、ゴムべらでさっくりと混ぜたら、ボウルの周りについた粉をふき取るようにしながら、手でひとまとめにする@。粉がまとまりにくいときは、豆乳少々（分量外）を足す。

4　3の生地をめん棒で型よりひと回り大きくのばす⑥ⓒ。

5　めん棒に生地をかけて型に敷き⑥、めん棒を型の上で転がして縁の生地を切る。指先で隙間ができないように縁に生地を沿わせⓔ、底にフォークで穴をあけⓕ。

6　ボウルにCを入れ、ゴムべらで混ぜ合わせる。別のボウルにDを入れて泡立て器で混ぜたら、CのボウルにCのボウルに入れてゴムべらでよく混ぜる。

7　6の生地を5に入れてゴムべらでならすⓖ。

8　いちごは洗って、ペーパーでしっかり水けをのぞき、包丁でヘタを取り、縦半分に切る。7の上にのせるⓗ。

9　180℃に予熱したオーブンで25〜30分焼いて、冷ます。

10　食べる前にレモンの皮のすりおろしを全面に散らす。

蒸しいちごの甘酒デザート

レモン風味の玄米甘酒にいちごをのせて、蒸し器で温めて作るほかほかのいちごのおやつです。仕上げにふるレモンの皮が味を引き締めてくれます。蒸し器がなければ、フライパンに水をはっても作ることができます。

材料 5人分

いちご … 20個
A 玄米甘酒 … 大さじ4
　　 レモン果汁 … 小さじ2
レモンの皮のせん切り … 適量

作り方

1　ボウルにAを入れて混ぜ、器に入れる。

2　いちごは洗って、ペーパーでしっかり水けをのぞき、包丁でヘタを取る。

3　2のいちごを1に入れる。蒸気の上がった蒸し器に器をのせて5〜6分蒸す。レモンの皮のせん切りを散らす。

いちごとココナッツの蒸しパウンドケーキ

材料 縦15×横7×高さ6cmのパウンド型1台分

いちごの赤ワイン煮(P8) … 5個くらい

ココナッツファイン … 適量

A 薄力粉 … 100g

　アーモンドプードル … 30g

　てんさい糖 … 20g

　ココナッツファイン … 30g

　ベーキングパウダー … 小さじ2

　塩 … ひとつまみ

B いちごの赤ワイン煮(P8) … 150g

　無調整豆乳 … 30mℓ

　植物性油 … 大さじ1

下準備

＊型にオーブンシートを敷く。

＊Aの薄力粉をふるう。

作り方

1　いちごの赤ワイン煮を3~4等分に切る。

2　ボウルにAを入れてゴムべらで混ぜる。

3　Bをミキサーで攪拌する。

4　2のボウルに3を入れて、ゴムべらでさっくりと混ぜる。1のいちごを上にのせるために7〜8個取り分ける。残りのいちごの赤ワイン煮を加えて混ぜ合わせる@。

5　4を型に流し入れ、4で取り分けておいたいちごの赤ワイン煮をのせて、ココナッツファインを散らすⓑ。

6　蒸気の上がった蒸し器に5をのせて、30〜35分蒸す(竹串を刺して、べたべたする生地がついてこなければ完成)。

生地そのものにもいちごの赤ワイン煮と
ココナッツを混ぜ込んだ、
少しトロピカルな味のするケーキです。
蒸して作るので、食感が軽く、
口当たりもみずみずしいです。

いちご大福

お餅の生地にもいちごの風味をつけた、
上品ないちご大福。
いちごの風味が引き立つように、
白あんの甘さは控えめにしています。
いちごは小粒なものを選ぶと、
包みやすく、食べやすくなります。

甘酒といちごのレイヤーゼリー

甘酒ベースのミルキーなゼリーと、
いちごの甘酒ゼリーを交互に重ねた
かわいらしいレイヤーゼリーです。
甘酒は善玉菌のえさになる麹菌が豊富なので、
免疫力を高め、消化吸収を助ける働きがあります。
心も体もホッとしたいときに召し上がってください。

いちご大福

材料 6個分

いちご（小粒なもの）… 6個

A 白玉粉 … 75g

　てんさい糖 … 15g

　水 … 75mℓ

　いちごの赤ワイン煮のシロップ（P8）
　　… 大さじ3

片栗粉 … 適量

白あん（右記参照）… 180g

作り方

1 ボウルにAを入れてゴムべらで混ぜ、蒸気の上がった蒸し器で10分蒸す。

2 その間にいちごは洗って、ペーパーでしっかり水けをのぞき、包丁でヘタを取る。

3 1の蒸し器からボウルを取り出し、すりこぎを水につけながらしっかりつく。再び蒸気の上がった蒸し器に入れて10分蒸す。

4 バットに片栗粉をたっぷり敷いて3をのせ、手でのばす。

5 粗熱を取り、包丁で6等分にする。

6 ラップの上に白あん30gをのせて広げ、2のいちごを包む。

7 5に6をのせて、ひだをよせて包み、きれいな形になるように整える。

［白あん］

材料 作りやすい分量

A 白小豆（乾燥）… 1/2 カップ

　水 … 300 〜 350㎖（小豆の3〜3.5倍量）

　昆布 … 1 枚（2㎝四方のもの）

てんさい糖 … 30 〜 40g

塩 … ひとつまみ

作り方

1　圧力鍋にAを入れて強火にかける。沸騰したらふたをする。圧がかかったら弱火にし、25分炊いて火を止める。圧が抜けるまでおき、小豆が指でつぶれるくらい柔らかいことを確認する。固いようならもう少し圧をかける。水分が残っていたら強火にかけてとばす。

2　1にてんさい糖を入れて混ぜ合わせ、ふたを開けたまま弱めの中火にかけ、そっと混ぜながら火を入れる。鍋底にすじがつく程度になったら、塩を入れて、ひと混ぜする。

3　2をバットなどに移し、表面に膜がはらないよう、あんにラップをぴったりとつけてはり、冷ます。

甘酒といちごのレイヤーゼリー

材料 縦15×横7×高さ6㎝のパウンド型1台分

A 玄米甘酒 … 125㎖

　水 … 125㎖

　アガー … 小さじ1/2

B 玄米甘酒 … 180㎖

　いちご … 120g

　水 … 150㎖

　アガー … 小さじ3/4

作り方

1　小鍋にAの水を入れて、Aのアガーをふり入れ、火にかける。沸騰したら弱火で1分程度火を入れ、Aの玄米甘酒を加え、温める程度に火を入れる。

2　Bのいちごは洗って、ペーパーでしっかり水けをのぞき、包丁でヘタを取る。ハンドブレンダーかミキサーでBの玄米甘酒といちごを攪拌してなめらかにする。

3　小鍋にBの水を入れて、アガーをふり入れ、火にかける。沸騰したら弱火で1分程度火を入れる。2を加え、温める程度に火を入れるⓐ。

4　型に3の1/3量を入れてならし、冷水につける。少し固まり始めたら1の半量を入れてならすⓑ。3の1/3量を上に流し入れてならし、残りの1を入れてならす。残りの3を流し入れてならし、冷やし固める。

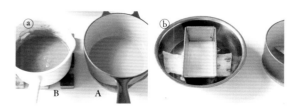

いちごの優しい甘さが口いっぱいに広がる、ちょっと乙女チックな風味の琥珀糖。乾かす時間によって、柔らかさの違いを楽しむのもおすすめです。いちごの赤ワイン煮の代わりにラベンダー煮やローズマリー煮で作ってもいいでしょう。

いちごの琥珀糖

材料 15×12.5cmの流し缶1台分

A てんさいグラニュー糖 … 150g

　水 … 100mℓ

　粉寒天 … 3g

いちごの赤ワイン煮のシロップ（P8） … 小さじ2

作り方

1　鍋にAを入れて火にかける。沸騰したら弱火にして5〜6分、ゴムべらで混ぜながらとろりとするまで煮詰める@。

2　いちごの赤ワイン煮のシロップを加えて混ぜ⑥、型に流し入れる©。

3　固まったら型から出し、ゴムべらで適当な大きさにちぎり@、ケーキクーラーの上などで3日〜1週間乾かす⑥。

いちごとルバーブジャムのタルト

コクのあるアーモンド生地に、米粉のカスタードクリーム、
ルバーブのジャム、豆腐クリームをたっぷり重ねた、
特別な日の贅沢なホールケーキです。
仕上げにフレッシュないちごと、酸味の強いルバーブの薄切りを散らします。
リッチな味わいですが、動物性食品を使っていないので、
体への負担が少なく、口当たりも軽やかです。

いちごのクッキーサンド

香ばしくサクサクしたクッキーで
ココナッツ風味のいちごクリームを
たっぷりとサンドしました。
クリームといちごで分厚くなるので、
倒れないように必ずセルクルを使ってください。

いちごと
ルバーブジャムのタルト

材料　直径18cmのタルト型1台分

いちご … 7〜8個

ルバーブの薄切り … 約8枚

A 薄力粉 … 100g
　全粒薄力粉 … 20g
　てんさい糖 … 10g

B 植物性油 … 大さじ3
　無調整豆乳 … 大さじ2

C アーモンドプードル … 50g
　薄力粉 … 25g
　ベーキングパウダー … 小さじ1/4

D 植物性油 … 大さじ1
　メープルシロップ … 大さじ1と1/2
　無調整豆乳 … 大さじ1

E ルバーブ … 100g（ざく切りにする）
　いちご … 80g
　てんさい糖 … 40g

［米粉カスタードクリーム］

F 米粉 … 15g
　てんさい糖 … 15g
　粉寒天 … 小さじ1/3
　メープルシロップ … 大さじ1と1/2
　バニラビーンズ … 約2cm
　無調整豆乳 … 150mℓ

豆腐クリーム（P27参照）… 半分量

下準備

＊オーブンを170℃に予熱する。

＊バニラビーンズのさやに切り目を入れ、種をかき出す。

＊ルバーブの薄切りを100℃に予熱したオーブンで40〜50分焼く。

作り方　＊作り方1〜6の手順写真はP27参照。

1　ボウルにAを入れてゴムべらで混ぜる。

2　別のボウルにBを入れて泡立て器で混ぜる。

3　1のボウルに2を入れて、ゴムべらでさっくりと混ぜたら、ボウルの周りについた粉をふき取るようにしながら、手でひとまとめにする。粉がまとまりにくいときは、豆乳少々（分量外）を足す。

4　3の生地をめん棒で型よりひと回り大きくのばす。

5　めん棒に生地をかけて型に敷き、めん棒を型の上で転がして縁の生地を切る。指先で隙間ができないように縁に生地を沿わせ整える。底にフォークで穴をあける。

6　ボウルにCを入れ、ゴムべらで混ぜ合わせる。別のボウルにDを入れて泡立て器で混ぜたら、Cのボウルに入れて、ゴムべらでよく混ぜる。

7　6の生地を5に入れてゴムべらでならすⓐ。

8　170℃に予熱したオーブンで20〜25分焼いて、冷ます。

9　鍋にEを入れて、ときどき混ぜながら固めのジャム状になるまで煮詰める。

10　米粉カスタードクリームを作る。Fの豆乳以外の材料を鍋に入れ（バニラビーンズのさやも入れる）、ゴムべらで混ぜ合わせる。豆乳少々を入れて全体になじませる。残りの豆乳も加えて、中火にかける。とろみが出てきたら弱火にし、2〜3分加熱する。

11　10の鍋の底を冷水にあてて混ぜながら冷まし、熱が取れたら、バニラビーンズのさやを取り、8の上にのせて全体に広げるⓑ。

12　9のジャムを80gほどのせて広げⓒ、豆腐クリームをのせて全体に広げるⓓ。

13　いちごは洗って、ペーパーでしっかり水けをのぞき、包丁でヘタを取り、薄切りにして12の上にのせる。焼いたルバーブの薄切りをのせる。

いちごのクッキーサンド

材 料 3個分 ＊直径6×高さ5cmのセルクルを使用。

いちご（小さめのもの）… 6個

A 薄力粉 … 100g

├ アーモンドプードル … 20g

├ てんさい糖 … 20g

└ 塩 … ひとつまみ

B 植物性油 … 大さじ3

└ 無調整豆乳 … 大さじ2

C 豆乳ヨーグルト … 180g

├ ココナッツオイル … 90g

├ てんさい糖 … 30g

└ いちごの赤ワイン煮のシロップ（P8） … 大さじ3

下 準 備

＊ボウルにざるを重ね、ペーパータオルをのせ、豆乳ヨーグルトを入れる。ひと晩おいて水きりし、半量（90g）にする。

＊天板にオーブンシートを敷く。

＊オーブンを160℃に予熱する。

作り方

1 ボウルに**A**を入れてゴムべらで混ぜる。

2 別のボウルに**B**を入れて泡立て器で混ぜる。

3 1に2を入れて、ゴムべらでさっくりと混ぜたら、ボウルの周りについた粉をふき取るようにしながら、手でひとまとめにする。まとまりにくいときは、豆乳少々（分量外）を足す。

4 3の生地をめん棒で1cmの厚さにのばし@、セルクルで6個分抜く⑥。

5 天板に4をのせ©、160℃に予熱したオーブンで15分、温度を150℃に下げて10〜15分焼く。粗熱が取れたらセルクルをはずし、冷ます。

6 ボウルに**C**の材料を入れてハンドブレンダーで混ぜ合わせ、とろりとする固さになるまで冷蔵庫で冷やす。

7 いちごは洗って、ペーパーでしっかり水けをのぞき、ヘタを取り、縦に半分に切る。

8 5のクッキー3枚にセルクルをかぶせ⑥、7のいちごを側面に4つはりつける⑥。6を3等分して入れ、表面をならし、残りのクッキーをのせる①。冷蔵庫で1時間ほど冷やし固める。

ルバーブは、ざく切りにして冷凍保存しておくこともできます。

いちごとピーナッツバターのチョコブラウニー

ビターなチョコレートブラウニーと甘酸っぱいいちごは、理想的な組み合わせ。そこにこっくりしたピーナッツバターソースをかけることで、少し複雑な味のハーモニーを奏でるようになります。

今回は、あえて丸型でケーキのように仕上げました。オーソドックスにスクエア型で焼いても作れますが、

作り方

1　ボウルにBのカカオマスを入れて湯煎で溶かし、水きりした豆腐とBの残りの材料を加えて、ミキサーでなめらかになるまで攪拌する。

2　ボウルにAを入れてゴムべらで混ぜ合わせる。

3　2のボウルに1を加え、ゴムべらで切るように、また底から天地を返すようにして、さっくりと混ぜて型に流し入れる。

4　いちごは洗って、ペーパーでしっかり水けをのぞき、包丁でヘタを取り、3の上にのせる。

5　ボウルにCを入れてゴムべらで混ぜ合わせ、4の上にかけるⓐ。

6　170℃に予熱したオーブンで25〜30分焼く。

材料　直径18cmの丸型1台分

いちご … 12〜13個

A 薄力粉 … 100g
　アーモンドプードル … 70g
　ココアパウダー … 30g
　てんさい糖 … 40g
　ベーキングパウダー … 小さじ1

B 木綿豆腐 … 50g
　植物性油 … 75mℓ
　メープルシロップ … 60mℓ
　無調整豆乳 … 100mℓ
　カカオマス … 25g

C ピーナッツバター（無糖） … 大さじ2
　メープルシロップ … 大さじ1
　無調整豆乳 … 大さじ2

下準備

＊ ボウルにざるを重ね、ペーパータオルで包んだ豆腐をのせる。重石をのせて30〜60分ほどおき、水きりする。

＊ Aの薄力粉をふるう。

＊ 型にオーブンシートを敷く。

＊ オーブンを170℃に予熱する。

いちごのドーナツ

てんさい糖をたっぷりまぶした
熱々のドーナツを味わえるのは、
手作りならではの特権です。
食べると中からとろりと出てくるいちごのジャムは絶品。
ジャムは、いちごのラベンダー煮で作りましたが、
お好きなジャムで、自分好みの固さに
煮詰めたものを使ってください。

いちごのドーナツ

材料 3個分

いちごの赤ワイン煮（P8）… 適量

A 薄力粉 … 75g
　強力粉 … 45g
　てんさい糖 … 50g
　ベーキングパウダー … 小さじ1
　塩 … ひとつまみ

絹ごし豆腐 … 90〜100g
てんさい糖 … 適量
揚げ油 … 適量

下準備

＊いちごの赤ワイン煮を自分好みの固さに煮詰めて
　ジャムを作る。いちごは、なるべくつぶす。

作り方

1　ボウルにAの材料を入れてゴムべらで
　混ぜ合わせる。

2　1に豆腐を入れ、ゴムべらで切るよう
　に混ぜてからⓐ、手でボウルの周りに
　ついた粉をふき取るようにしながらひと
　まとめにするⓑⓒ。粉がまとまりにくい
　ときは、豆腐少々（分量外）を足す。

3　2を3等分にし、平たい丸形にするⓓ。

4　3を160℃に熱した油で6分揚げる
　ⓔ。熱いうちにてんさい糖をまぶすⓕ。

5　ナイフか箸で穴をあけ、中に空洞を作
　るⓖ。絞り袋にジャムを入れ、穴から
　絞り入れるⓗ。

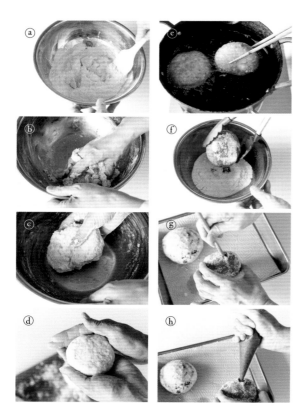

ストロベリージンジャーソーダ

材料 2人分

いちご … 60g

［ジンジャーシロップ］作りやすい分量

しょうが … 50g

A メープルシロップ … 大さじ2

　アガベシロップ … 大さじ3
　※はちみつでもよいが、風味は変わる。

　水 … 100㎖

　黒こしょう … 5粒

レモン果汁 … 小さじ2

いちごの赤ワイン煮のシロップ(P8) … 大さじ2

氷 … 適量

炭酸水 … 200㎖

レモンの薄切り … 2枚 (半分に切る)

ミントの葉 (生) … 適量

作り方

1　ジンジャーシロップを作る。しょうがは1/3量をすりおろし、残りは薄切りにする。

2　小鍋に1とAを入れて火にかけ、沸騰したら弱火で7〜8分煮る。

3　いちごは洗って、ペーパーでしっかり水けをのぞき、包丁でヘタを取り、大きめのものは半分〜4等分に切る。2の粗熱が取れたらレモン果汁といちごを加えて混ぜる。

4　グラス1個に3のシロップ大さじ1、いちごの赤ワイン煮のシロップ大さじ1、3のいちご数粒を入れ、氷を入れて炭酸水で割る。レモン1枚分とミントを入れる。もう1グラス分作る。

黒こしょうをピリリときかせたジンジャーシロップに漬け込んだいちごと、いちごの赤ワイン煮を炭酸水で割ったスパイシーなドリンクです。

いちごについてのあれこれ

○ いちごの豆知識

いちごが日本に入ってきたのは江戸時代末期の1830年代といわれています。オランダから長崎に観賞用としてもたらされたことから、当時は「オランダイチゴ」と呼ばれていました。食用のいちごは1度は、明治の初めにアメリカから導入されましたが、定着はしませんでした。日本で食用いちごを生み出したのは、新宿御苑の農学博士であった福羽逸人氏。明治31年のことでした。

さて、いちごの表面にあるつぶつぶは種ではないということはご存じしょうか。このつぶつぶ、実はその1つひとつが果実であり、各つぶの中に種が入っています。1粒のいちごは、200から300個の果実が集まった「集合果」で、私たちが果実だと思って食べている可食部は、茎の先端の花床が膨らんだ「偽果」なのです。

○ いちごの種類

いちごは、バラ木バラ科の多年草の一種で、園芸学では野菜に分類されます。実際は、果物と同じように食べられていることから「果実的野菜」とも呼ばれています。日本のいちごは約300種あり、世界各国で食べられています。現在も日本各地で品種改良が行われ、新しい品種が続々と開発されています。2018年の農林水産省による「平成30年産作物統計」をもとにした聞き取り調査によると、収穫量が多いいちごは、栃木県産の「とちおとめ」と「とりひめ」、福岡県の「あまおう」、熊本県の「ゆうべに」と「ひのしずく」、静岡県の「紅ほっぺ」と「きらぴ香」などです。最近は、白いちごの人気も高く、鹿児島県で生まれた「淡雪」や栃木県で開発された「ミルキーベリー」のほか、「初恋の香り」「天使の実」「パールホワイト」などがあります。

○ いちごの時季

1年のうち、いちごが最も店頭に出回るのは12月から3月にかけてです。ただ露地栽培の収穫盛期は4月から5月です。真夏に採れる夏いちごも含めれば、8月までいちごを食べることができます。ハウス栽培の技術向上により、日本では秋以外、フレッシュないちごを楽しめます。

○ 生産地

2022年に農林水産省が公表した「令和3年産指定野菜（秋冬野菜等）及び指定野菜に準ずる野菜の作付面積、収穫量及び出荷量」によると、いちごの生産量1位は栃木県で全体の14%を占めています。次いで福岡県、熊本県、愛知県、長崎県、静岡県、茨城県、佐賀県、千葉県と続きます。

○ 保存方法

いちごをパックから出したら、洗わずに、ペーパータオルを敷いた保存容器に、ヘタを下向きにして、いちごが重ならないように並べて、冷蔵庫で保存します。保存期間は5日程度です。

冷凍保存する場合は、いちごを水洗いし、ペーパーでしっかり水けを取り、ヘタを包丁で切ってから、保存袋に入れて、冷凍庫で保存します。水けがついたままだと傷みやすいので注意してください。保存期間は1カ月程度です。冷凍いちごのままジャムにしたり、自然解凍してヨーグルトに混ぜたりしてもおいしいです。

○ おいしいいちごの見分け方

ヘタに張りがあり、緑が濃く、実はヘタの周りまで赤く色づいていて、産毛があるものがいいでしょう。いちごは先端部から熟していくため、ヘタの部分より先端のほうが糖が多く、甘いです。

○ 栄養

いちごは栄養価が高く、ビタミンCが豊富なため、抗酸化作用が強く、美肌や美しい髪に効果的です。免疫を司る白血球を活性化させる働きもあり、ウイルスや細菌に対抗できる体作りの助けにもなります。一部の認知症に対しては症状緩和や予防効果もあるとされています。妊婦さんに必須とされる葉酸や、眼精疲労回復作用のあるポリフェノールも含まれています。

フランス菓子ベースの
エレガントないちごのお菓子
Dessert elegant Persimmon Sweety

いちごのミントシロップ
→作り方は P55

いちごのシロップ
→作り方は P54

いちごの砂糖漬けのシロップ
→作り方は P55

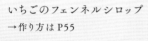
いちごのフェンネルシロップ
→作り方は P55

ふわふわのスポンジやビスキュイ、エアリーなメレンゲ菓子やマカロン、
口どけのよいムースや、食べごたえのあるチーズケーキなど、
卵や生クリーム、ミルク、白砂糖を使った、
華やかでロマンティック、大人の乙女心がくすぐられるような
いちごのお菓子を紹介します。
ハーブやスパイスをきかせたものも多く、
これまでにないいちごのお菓子をお楽しみいただけます。

材料 作りやすい分量

いちご … 300g
グラニュー糖 … 150g
レモン果汁 … 10g

作り方

1　いちごは洗って@ペーパーでしっ
　かり水けをのぞき⑥、包丁でヘタ
　を取る©。
　＊いちごは、水っぽくならないよう、必
　ずヘタつきのまま、さっと洗い、すぐに
　水けをのぞくことがポイント。

2　ボウルに1を入れてグラニュー
　糖をまぶし、冷暗所に半日ほど
　おいて水分を出す⑥。

3　鍋に入れて強火にかけ、沸騰し
　たら2分ほど煮る。アクが出たら
　のぞく⑥。

4　レモン果汁を加えてひと混ぜし
　たら、火を止めてふたをし、その
　まま冷ます。

5　煮沸して自然乾燥させた保存容
　器に入れ、冷蔵庫で保存する。
　＊シロップだけ保存する場合①、取り出
　したいちごは、早めに食べきること。

（保存期間）

・冷蔵庫で約1カ月、冷凍庫で約半年間保
　存可能です。

いちごのシロップ

いちごを白砂糖で煮たシロップは、
炭酸水で割ってドリンクにも、
お菓子の材料として使うこともできます。
手ごろな価格のいちごが出回る時期に、
まとめて作っておくと便利です。
いちごによってシロップの色が変わります。

いちごのフェンネルシロップ

フェンネルの香りを移した個性的な味わいのいちごシロップです。

材料 作りやすい分量

いちご … 300g

グラニュー糖 … 150g

レモン果汁 … 10g

フェンネル … 小さじ2

作り方

「いちごのシロップ」の作り方3で、いちごと一緒にフェンネルを加える。その他の作り方は同じ。

保存期間

・冷蔵庫で約1カ月、冷凍庫で約半年間保存可能です。

いちごのミントシロップ

いちごのシロップをミントで香りづけした、爽やかで軽やかなシロップです。

材料 作りやすい分量

いちご … 300g

グラニュー糖 … 150g

レモン果汁 … 10g

ミントの葉 … 10〜15枚

作り方

「いちごのシロップ」の作り方4で、レモンと一緒にミントを加える。その他の作り方は同じ。

保存期間

・冷蔵庫で約1カ月、冷凍庫で約半年間保存可能です。

いちごの砂糖漬けシロップ

氷砂糖でじわじわといちごの甘みを引き出したシロップ。白砂糖を使うよりも、スッキリした味わいです。

材料 作りやすい分量

いちご … 300g

氷砂糖またはグラニュー糖 … 300g

※いちごと砂糖の分量は同量にする。

作り方

1 いちごは洗ってペーパーでしっかり水けをのぞき、包丁でヘタを取る。
  * いちごは、水っぽくならないよう、必ずヘタつきのまま、さっと洗い、すぐに水けをのぞくことがポイント。

2 煮沸して水けをよくふいた保存瓶に、砂糖と1のいちごを交互に入れるⓐⓑ。

3 冷暗所に置き、水分が出たら1日1回、水分が全体にまわるように瓶をまわす。

4 そのあと、砂糖が溶けきったら、冷蔵庫か冷凍庫で保存する。
  * シロップだけ保存する場合、取り出したいちごは、早めに食べきること。

保存期間

・冷蔵庫で約1カ月、冷凍庫で約半年間保存可能です。

いちごのショートケーキ

はちみつの優しい甘さのスポンジケーキに、
サワークリームの酸味をきかせた
いちごクリームをたっぷり挟んだ、
軽やかな食べ心地のショートケーキです。
デコレーションはかわいらしい定番のスタイルではなく、
あえて大人っぽく、シンプルにしました。

gateau

全卵で作る軽やかなカスタードクリームと
バターで作るムースリーヌに
フレッシュないちごをたっぷりと使った
フランス版のショートケーキです。
熟しすぎたいちごだと、
変色して仕上がりが美しくならないので、
少し固めのいちごで作ってください。

いちごのフレジェ

いちごのショートケーキ

材料 長径17.2×短径12.8×高さ4.5cmのオーバル型セルクル1台分
※直径15×高さ6cmの丸型でも作れます。

[スポンジケーキ]

A 全卵 … 100g
│ はちみつ … 8g
グラニュー糖 … 50g
バニラオイル … 1滴

B 薄力粉 … 50g
│ ベーキングパウダー … 2g

C 牛乳 … 8g
│ バター（食塩不使用）… 8g

[いちごクリーム]

いちご … 60g

D サワークリーム … 20g
│ 生クリーム（乳脂肪分45%）… 50g
│ グラニュー糖 … 15g

[デコレーション用クリーム]

E サワークリーム … 40g
│ 生クリーム（乳脂肪分45%）… 120g
│ グラニュー糖 … 10g

[シロップ]

F 水 … 20g
│ グラニュー糖 … 10g
キルシュ … 5g

下準備

＊材料はすべて室温に戻す。Bを合わせてふるう。

＊セルクルの底にアルミ箔をはり、内側にオーブンシートを敷く②。

＊オーブンを180℃に予熱する。

作り方

[スポンジケーキを作る]

1　ボウルに**A**を入れてハンドミキサーで混ぜる。

2　1にグラニュー糖を3回に分けて入れ、その都度高速のハンドミキサーで混ぜ、もったりするまで泡立てる。

3　2にバニラオイルを入れたら、ハンドミキサーを低速にして2分ほどゆっくりと泡立てて生地のきめを整える。

4 Bを3回に分けて3に加え、その都度ゴムべらでさっくりと混ぜる。

5 耐熱容器にCを入れて湯煎か電子レンジで溶かす（電子レンジなら20秒）。

6 5に4を大さじ1混ぜてから、4に戻し入れ、ゴムべらでさっくりと混ぜる。

7 6を型に入れて、180℃に予熱したオーブンで35分焼く⑥。粗熱が取れたら型からはずし、乾燥しないようにラップなどで包んで冷ます。

[いちごクリームを作る]

8 いちごは洗ってペーパーでしっかり水けをのぞき、包丁でヘタを取り、ボウルに入れて、手で粗くつぶす。茶こしやざるにあげて、10分ほどおき、余分な水分を捨てる。

9 ボウルにDを入れて泡立て器でもったりするまで泡立てる。

10 9に8を入れて泡立て器でもったりするまで混ぜる⑥。

[デコレーション用クリームを作る]

11 ボウルにEを入れ、底を氷水にあてながら泡立て器でもったりするまで混ぜる⑥。

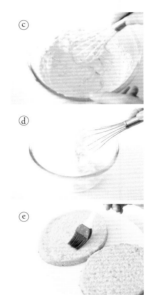

[シロップを作る]

12 耐熱容器にFを入れて湯煎か電子レンジで溶かす（電子レンジなら20〜30秒）。冷めたらキルシュを混ぜる。

[組み立て]

13 7のスポンジケーキの焼き面を薄くそぎ、厚みを半分に切り、それぞれの断面に12のシロップを軽く塗る⑥。

14 10のいちごクリームを13のスポンジケーキ1枚に塗り⑥、表面を平らにする。

15 もう1枚のスポンジケーキを重ねる（シロップを塗った面がクリームに接するようにする）。上面にもシロップを塗る。

16 15のスポンジケーキ全面に、11のクリームを塗る⑥。

17 口径3mmの丸口金をつけた絞り袋に11の残りのクリームを入れ、ケーキの縁に小さく絞る⑥。あれば、いちごの花を飾る（花は食べられない）。

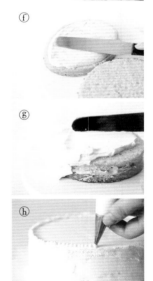

いちごのフレジェ

材料 直径15×高さ6cmの丸型1台分

[ビスキュイ・ジョコンド]

A アーモンドプードル … 50g

　粉糖 … 50g

　薄力粉 … 15g

全卵 … 90g

B 卵白 … 50g

　グラニュー糖 … 10g

[クリーム・ムースリーヌ]

C 全卵 … 60g

　グラニュー糖 … 50g

　コーンスターチ … 20g

牛乳 … 250g

バニラビーンズ … 3cm

バター（食塩不使用）… 100g

キルシュ … 5g

いちご … 約20個

※熟しすぎたいちごだと果汁がにじみ出て
くるので固めのものを使うこと。

作り方

[ビスキュイ・ジョコンドを作る]

下準備

＊卵白は冷蔵庫で冷やす。

＊Aを合わせてふるう。

＊27cm四方のロールケーキ用天板にオーブンシートを敷く。

＊オーブンを190℃に予熱する。

1　ボウルにAと全卵を入れてハンドミキサーでもっ
　たりとするまで泡立てる。

2　別のボウルにBを入れてハンドミキサーで軽く
　角が立つまで泡立てる。

3　1のボウルに2を加え、ゴムべらでさっくりと、切
　るように、また天地を返すようにして混ぜる。

4　ロールケーキ用の天板に3を入れて平らになら
　し、190℃に予熱したオーブンで13分焼いて、
　冷ます。

5　4を1枚は直径14cm、2枚は直径12cmの円
　形に切る@。

[クリーム・ムースリーヌを作る]

下準備

＊ バニラビーンズはさやに切り目を入れ、種をかき出す。

＊ 材料は室温に戻す。

6 ボウルに**C**を入れて泡立て器で混ぜる。

7 小鍋に牛乳とバニラビーンズの種とさやを入れて、弱めの中火にかけ、沸騰直前まで温める。

8 6に7を入れて⑥、泡立て器で混ぜる。

9 鍋に8をこし入れて⑥、弱めの中火にかけて泡立て器で混ぜながら、中心がふつふつしてくるまで加熱する⑥。

10 ボウルに9を入れ、底を氷水にあてて40℃くらいまで冷ます。

11 10のボウルにバターを3回に分けて入れ、その都度ハンドミキサーで混ぜる。キルシュを加えてさらに混ぜる。

[組み立て]

下準備

＊ 15cmの丸型にオーブンシートを敷く。

12 いちごは洗ってペーパーでしっかり水けをのぞき、包丁でヘタを取り、2mm厚さの薄切りにする（厚いとはがれやすい）。

13 型の底と側面に12のいちごをはりつける⑥。

14 11のクリーム・ムースリーヌを口径1cmの丸口金をつけた絞り袋に入れて、1/3量を13の底面に渦巻き状に絞り⑥、表面を平らにならす⑨。

15 12のいちごを外側を少しあけて並べ⑥、直径12cmのビスキュイ・ジョコンドをのせる。

16 周りの部分にも隙間なくクリーム・ムースリーヌを絞り、さらに14、15を繰り返す⑥。

17 残りのクリーム・ムースリーヌを絞り、直径14cmの5をのせる。中に少し押し込んで⑥、横から見たときにビスキュイ・ジョコンドが見えないようにする。

18 冷蔵庫でしっかりと冷やしてから型からはずす。
＊ いちごが変色するので保存するときはぴっちりとラップをかけて早めに食べること。

香ばしいブリゼ生地に、酸味の強いいちごとルバーブのジャムを重ね、雲を思わせる軽やかな食感のメレンゲをふんわりとのせました。見た目も味わいも華やかな愛らしいタルトです。

いちごとルバーブのメレンゲタルト

いちごのシャルロット

いちごのリキュールに、いちごのムース、
そして山盛りのフレッシュないちごを詰め込みました。
上にのせるいちごは、
フランボワーズを少しミックスすることで、
味にメリハリをつけました。
ひとつのケーキで、
いちごのいろいろな味わいが楽しめます。

いちごとルバーブのメレンゲタルト

材料　直径の15cmの丸型1台分

いちごとルバーブのジャム（P88）… 120g

［パート・ブリゼ生地］

A 薄力粉 … 90g

　　粉糖 … 10g

　　バター（食塩不使用）… 60g

　　塩 … ひとつまみ

全卵 … 22g

冷水 … 8g

［アーモンドクリーム］

バター（食塩不使用）… 50g

グラニュー糖 … 50g

全卵 … 50g

アーモンドプードル … 50g

［スイスメレンゲ］

卵白 … 60g

グラニュー糖 … 90g

作り方

［ブリゼ生地を作る］

下準備

＊Aのバターは1cm角に切って冷凍庫で冷やす。

＊型の内側にバター（分量外）を塗って強力粉（分量外）をはたく。

＊オーブンシートを型よりひと周り大きく切り、周囲に切り込みを入れる。

1　フードプロセッサーにAを入れて、バターがサラサラになるまで攪拌する。

2　全卵と冷水を加えて生地がまとまるまで攪拌する。ラップに包んで1時間以上休ませる@。

3　2をめん棒で3mmの厚さにのばす。厚手のポリ袋を開いて間に挟むと作業しやすい。

4　3の上に型を置いて切り抜き、底に敷き込む。余った生地を5cm幅に切り、型の側面に添わせて敷き込む。冷凍庫で30分休ませる。
　　＊タルトの作り方の手順写真はP75を参照してください。

5　4の底面にフォークで穴をあけ⑥、オーブンシートを敷き、タルトストーンをのせて©、180℃に予熱したオーブンで20分から焼きして、冷ます。

［アーモンドクリームを作る］

下準備

＊材料は室温に戻す。アーモンドプードルはふるう。

6　ボウルにバターを入れてゴムべらで混ぜてなめらかにする。

7　6にグラニュー糖を3回に分けて加えながらゴムべらで混ぜる。さらに全卵を少しずつ加えながら混ぜる。

8　7にアーモンドプードルを3回に分けて加え、さらに混ぜる。

9　8をラップに包み、冷蔵庫で1時間以上休ませる。

10　9が固くなっていたらボウルにあけてゴムべらで混ぜて柔らかくし、絞り袋に入れる。から焼きしたタルトに絞り入れて表面を平らにならす。

11　10を180℃に予熱したオーブンで25分、焼き色が薄くつくまで焼いてⓓ、冷ます。

［スイスメレンゲを作る］

12　ボウルに卵白を入れて泡立て器で混ぜ、こしを切ってからグラニュー糖を加えて混ぜる。

13　12を湯煎にかけてハンドミキサーで混ぜながら50℃まで加熱するⓔ。湯煎からはずして、しっかりと角が立つまで泡立てる。

［組み立て］

＊オーブンを250℃に予熱する。

14　冷ました11の上にいちごとルバーブのジャムをのせて平らにならすⓕ。

15　13のスイスメレンゲを星口金をつけた絞り袋に入れて、14の上に外側から内側に向けて絞り出すⓖ。

16　15を250℃に予熱したオーブンに2〜3分入れて、メレンゲに焼き色をつける。

いちごのシャルロット

材料 直径15×高さ5cmのセルクル1台分
＊丸型でもよい。

[ビスキュイ]
卵白 … 100g
グラニュー糖 … 60g
卵黄 … 35g
薄力粉 … 60g
粉糖 … 適量

[シロップ]
A 水 … 20g
　| グラニュー糖 … 10g
ストロベリーリキュール … 5g

[いちごのムース]
いちご … 250g
グラニュー糖 … 40g
板ゼラチン … 6g
レモン果汁 … 10g
生クリーム(乳脂肪分35%) … 60g

[飾り用フルーツ]
いちご(小さめのもの) … 15〜20個
フランボワーズ … 約10個
(あれば)グロゼイユ … 適量

作り方

[ビスキュイを作る]

下準備

＊卵白は冷蔵庫で冷やす。薄力粉をふるう。

＊オーブンシートの裏側に直径15cm(ふた)と直径13cmの丸(底)、5×22cmの四角(側面)2つを描く@。

＊オーブンを180℃に予熱する。

1　冷やした卵白にグラニュー糖を3回に分けて入れながら、ハンドミキサーで角がピンと立つまで泡立てる⑥。卵黄を加えてハンドミキサーで混ぜる。

2　1に薄力粉を2回に分けて入れ、その都度ゴムべらでさっくりと混ぜる©。

3　2を口径1cmの丸口金をつけた絞り袋に入れる。オーブンシートの上に描いた形に合わせて絞る。側面は棒状に⓭、底面は渦巻き状に⑥、ふたの部分は花形になるよう3cmずつ外から内に向かって絞る①。

4　3の上に粉糖を茶こしなどでふり⑧、溶けたらもう一度、粉糖をふる(1度目の粉糖が溶けてから2度目をふることで薄い膜ができて中はふっくら、外はカリッと形もきれいに焼き上がる)。

5　すぐに180℃に予熱したオーブンで12〜15分焼いて、冷ます。

[シロップを作る]

6　耐熱容器に**A**を入れて湯煎か電子レンジでグラニュー糖を溶かす（電子レンジなら20〜30秒）。冷めたらストロベリーリキュールを混ぜる。

[ビスキュイを組み立てる]

7　側面用のビスキュイを高さ5cmに切りそろえ、型に並べたとき内側になる部分に軽くシロップを塗り、型にきつめに敷き込む⒣。

8　底用のビスキュイも隙間のないように敷き込み、シロップを塗る⒤。

[いちごのムースを作る]

下準備

＊板ゼラチンを氷水でふやかす。

＊いちごは洗って、ペーパーでしっかり水けをのぞき、包丁でヘタを取る。

＊生クリームを八分立てにする。

9　いちごをハンドブレンダーやミキサーなどでピュレ状にする。

10　鍋に9とグラニュー糖を入れて火にかけ、60℃まで温めたら、ゼラチンをぎゅっと絞って加え、溶かす⒥。

11　10をボウルに移す。底を氷水にあてながらゴムべらで混ぜて20℃まで冷やし、レモン果汁を加えて混ぜる。

12　11に八分立てにした生クリームを加えて、泡立て器で混ぜる。最後はゴムべらで全体が均一になるように混ぜる。

13　8に12のムースを流し入れて⒦、冷蔵庫で冷やし固める。

[飾る]

14　いちごは洗って、ペーパーでしっかり水けをのぞき、包丁でヘタを取る。

15　13を型からはずして14のいちご、飾り用のフルーツをこんもりとのせ、ビスキュイのふたをのせる。

ふんわり泡立てたバタークリームに
濃いめのいちごジャムを混ぜて、
ピンクのマカロンコックでサンドしました。
外も中もピンクのかわいらしいマカロンです。
ピエ（ふちのレースのような部分）を出すためには、
最初に高温で焼くことが大切です。

いちごのバタークリームのマカロン

ココナッツミルクとホワイトチョコをきかせたクリームと、いちごをサンドしました。ジューシーな生のいちご、トロピカルな風味のココナッツの組み合わせは、見た目も味わいも最高です。日持ちさせたい場合は、市販のドライいちごをはさんでください。

ココナッツクリームのいちごマカロン

いちごのバタークリームの
マカロン

材料 約13個分

[イタリアンメレンゲ]

卵白 … 40g

A グラニュー糖 … 5g
│ 乾燥卵白 … 1g

B グラニュー糖 … 75g
│ 水 … 18g

[マカロンコック]

C アーモンドプードル … 50g
│ 粉糖 … 50g

卵白 … 18g

赤色の色素 … 少々

[いちごのバタークリーム]

シンプルないちごジャム (P88) … 70g

バター (食塩不使用) … 70g

下準備

＊Aをよく混ぜ合わせる。

＊オーブンシートの裏側に直径4cmの円形を26個描く。

＊バターは室温で戻して柔らかくしておく。

作り方

[イタリアンメレンゲを作る] 作りやすい分量

＊少量だと作りにくいので2回分の分量で作ります。

1 小鍋にBを入れてよく混ぜ、火にかけて117℃まで加熱する@。

2 ボウルに卵白とAを入れてハンドミキサーで少し泡立てる。

3 2を泡立てながら1の熱いシロップを少量ずつ加えていく（やけどに注意）ⓑ。つやつやのしっかりとしたメレンゲになるまでハンドミキサーで泡立てるⓒ。

4 3から50gを取り分けておくⓓ。

[マカロンコックを作る]

5 ボウルにCを入れて、よく混ぜてから2回ふるう。

6 5に卵白を加え、ゴムべらで混ぜ、ペースト状にする。

7 色素を竹串で1滴加えてゴムべらで混ぜるⓔ。

8 7に4のイタリアンメレンゲ50gを加えて、ゴムべらで切るように混ぜる。

9 8の生地をボウルの側面にこすりつけるようにしてのばしⓕ、底からすくって返すⓖ。つやが出るまで、20回ほど繰り返す。

10 9を口径1cmの丸口金をつけた絞り袋に入れる。厚紙の上にオーブンシートをのせ、オーブンシートに描いた丸形に合わせて絞り出す（口金を1cmほど浮かせて中心から動かさずに一気に絞る。線より少し内側のところで止めⓗ、最後はひねって生地をきる）。

11 10を15cmくらいの高さから3〜5回落とす（表面がなめらかになる）。室温で20〜30分乾かす。表面に薄い膜がはったようになればOK。

12 180℃に予熱したオーブンに11を入れたらすぐに160℃に下げて4分焼く。天板の前後を入れ替えて140℃で6分、さらに天板の前後を入れ替えて6分、合計16分焼く。

＊オーブン1段で焼くほうが失敗が少ないので、面倒でも1枚の天板にのる枚数で作ること。

[いちごのバタークリームを作る]

13 ボウルに室温に戻したバターを入れ、ハンドミキサーで混ぜてなめらかにする。

14 いちごジャムを電子レンジで1分加熱し、1度混ぜる。それを2〜3回繰り返して水分を飛ばし50gくらいまでになったら、粗熱を取る。

15 13に14を加えてハンドミキサーでよく混ぜるⓘ。星口金をつけた絞り袋に入れて、12のマカロンコックに約10gずつ絞りⓙ、もう1枚のマカロンコックで挟む。

ココナッツクリームの
いちごマカロン

材料　約13個分

[イタリアンメレンゲ]

卵白 … 40g

A グラニュー糖 … 5g
　| 乾燥卵白 … 1g

B グラニュー糖 … 75g
　| 水 … 18g

[マカロンコック]

C アーモンドプードル … 50g
　| 粉糖 … 50g

卵白 … 18g

バニラビーンズ … 2cm

[ココナッツクリーム]

D ココナッツミルク … 40g
　| ホワイトチョコレート … 90g
　| はちみつ … 10g

レモン果汁 … 5g

（あれば）マリブ … 5g

いちご … 3〜4個

下準備

＊Aをよく混ぜ合わせる。

＊オーブンシートの裏側に直径4cmの円
　形を26個描く。

＊バニラビーンズのさやに切り目を入れ、
　種をかき出す。

作り方

下準備

＊「いちごのバタークリームのマカロン」の作り方1〜
　12までと同じ。

＊ただし、作り方7で色素を入れる代わりに、バニラ
　ビーンズの種を入れてゴムべらでよく混ぜる。

[ココナッツクリームを作る]

1　ボウルにDを入れて、55℃の湯煎に
　　かける。

2　チョコレートが溶けたら泡立て器でよ
　　く混ぜ、レモン果汁、あればマリブも
　　加えて混ぜる。

3　いちごは洗って、ペーパーでしっかり
　　水けをのぞき、包丁でヘタを取り薄
　　切りにする。

4　マカロンコックに2を5gずつ絞り、3
　　のいちごをのせ、もう1枚のマカロン
　　コックで挟む@。

いちごとピスタチオのタルト

いちごとピスタチオは私が大好きな組み合わせです。
アーモンドクリームにもピスタチオペーストを混ぜ込みました。
上から絞ったピスタチオクリームは、
マスカルポーネをミックスして優しい味わいにしています。
切ると顔をのぞかせるみずみずしいいちごとの
コントラストが美しく、
味にもインパクトを与えています。

香りの相性の良さからヒントを得て作った
エレガントなお菓子です。

いちごと薔薇のジャムにライチのムースを重ね、
ホワイトチョコをきかせたいちご風味の
グラサージュでコーティング。

ひと口食べることに、さまざまな風味が広がります。
もしエディブルフラワーの薔薇が手に入るようでしたら、
ぜひあしらってみてください。

いちごと薔薇とライチのムース

いちごとピスタチオのタルト

材料 直径15×高さ2cmのタルトリング1台分

[タルト生地]
A 薄力粉 … 80g
　粉糖 … 30g
　バター（食塩不使用）… 50g
　アーモンドプードル … 10g
全卵 … 20g

[ピスタチオアーモンドクリーム]
バター（食塩不使用）… 30g
ピスタチオペースト … 15g
グラニュー糖 … 30g
全卵 … 30g
アーモンドプードル … 30g

[ピスタチオクリーム]
B 生クリーム（乳脂肪分45%）… 100g
　マスカルポーネ … 100g
　ピスタチオペースト … 20g
　グラニュー糖 … 10g

[トッピング]
いちご … 150g
ピスタチオ … 10g

作り方

[タルト生地を作る]

下準備

＊Aのバターは1cm角に切って冷凍庫で冷やす。

＊タルトリングの内側にバター（分量外）を塗って強力粉（分量外）をはたく。

1　フードプロセッサーにAを入れて、バターがサラサラになるまで撹拌する@。

2　1に全卵を加えて生地がまとまるまで撹拌する。ラップに包んで1時間以上寝かせる⑥。

3　2をめん棒で3mmの厚さにのばす。厚手のポリ袋を開いて間に挟むと作業しやすい。

4　3の上にタルトリングを置いて型抜きし、底に敷き込む。余った生地を2cmより少し幅広に切り、型の側面に沿わせて敷き込む©。はみ出した部分を内側から外側に向けてナイフで切る@。冷凍庫で30分休ませる。

5　オーブンを180℃に予熱する。4をシルパン（メッシュ状のオーブンシート）にのせて、縁をアルミ箔で覆い@、フォークで底面に穴をあけ①、予熱したオーブンで20分焼く。縁のアルミ箔は生地が崩れないようにそっとはずして、冷ます。

＊シルパンを使うとタルトストーンがなくても生地が浮きにくいので便利。ない場合は、フォークで底面に穴をあけオーブンシートを敷き、タルトストーンをのせる。

［ピスタチオアーモンドクリームを作る］

下準備

＊材料は室温に戻す。アーモンドプードルはふるう。

6　ボウルにバターを入れてゴムべらで混ぜてなめ
　　らかにし、ピスタチオペーストを加えてさらに混
　　ぜる。

7　6にグラニュー糖を3回に分けて加えながらゴ
　　ムべらで混ぜる。さらに全卵を少しずつ加えな
　　がら混ぜる。

8　7にアーモンドプードルを加えて、さらに混ぜる。

9　8をラップに包み、冷蔵庫で1時間以上休ませ
　　る。

10　9が固くなっていたらボウルにあけてゴムべらで
　　混ぜて柔らかくし、絞り袋に入れる。から焼き
　　したタルトに絞り入れて表面を平らにならす⑧。

11　10を180℃に予熱したオーブンで20分、薄
　　い焼き色がつくまで焼く。

［ピスタチオクリームを作る］

12　ボウルにBを入れて、底を氷水にあてながらハ
　　ンドミキサーで、ピンと角が立つまで泡立てる。

［組み立て］

13　いちごは洗って、ペーパーでしっかり水けをのぞ
　　き、包丁でヘタを取る。5mm厚さの薄切りにし
　　て11のタルトの上に並べる⑪。

14　12のピスタチオクリームを口径1cmの丸口金を
　　つけた絞り袋に入れて、13の上に少量を絞り、
　　いちごの隙間をうめながらゴムべらで平らになら
　　す①。

15　残りのクリームを渦巻き状に絞り出し①、ピスタ
　　チオを粗く刻んで飾る。

いちごと薔薇と
ライチのムース

材料　直径15cmのセルクル1台分
※直径12cmのセルクルも使用。

[ビスキュイ]
卵白 … 40g
グラニュー糖 … 25g
卵黄 … 15g
薄力粉 … 25g
粉糖 … 適量
いちごと薔薇のジャム（P88）… 40g
水 … 40g

[ライチのムース]
ライチのピュレ … 220g
グラニュー糖 … 20g
板ゼラチン … 8g
生クリーム（乳脂肪分35%）… 200g

[グラサージュ]
A 牛乳 … 50g
　 はちみつ … 20g
　 ホワイトチョコレート … 50g
板ゼラチン … 1.5g
いちごのシロップ（P54）… 大さじ3

作り方

[ビスキュイを作る]

下準備

＊卵白は冷蔵庫で冷やす。薄力粉をふるう。

＊オーブンシートの裏側に直径14cmと12cmの円形を描く。

＊天板にオーブンシートを敷く。

＊オーブンを180℃に予熱する。

1　冷やした卵白にグラニュー糖を3回に分けて入れながら、ハンドミキサーで角がピンと立つまで泡立てるⓐ。卵黄を加えてハンドミキサーで混ぜるⓑ。

2　1に薄力粉を2回に分けて入れ、その都度ゴムベらでさっくりと混ぜる。

3　2を口径1cmの丸口金をつけた絞り袋に入れて、直径14cmと12cmの円形に絞る。

4　3の上に粉糖を茶こしなどでふり、溶けたらもう一度、粉糖をふる（1度目の粉糖が溶けてから2度目をふることで薄い膜ができて中はふっくら、外はカリッと形もきれいに焼き上がる）。

5　すぐに180℃に予熱したオーブンで12〜15分焼いて、冷ます。

6　12cmのセルクルに底ができるようにラップをはり、直径12cmのビスキュイを置く。いちごと薔薇のジャムと水を混ぜたものをのせて、平らにならしⓒ、冷凍庫で冷やす。

[ライチのムースを作る]

下準備

＊ピュレは解凍する。

＊板ゼラチンを氷水でふやかす。

＊生クリームを八分立てにする。

7　小鍋にピュレとグラニュー糖を入れて60℃まで温
　　めたら、ゼラチンをぎゅっと絞って加えて溶かすⓓ。

8　7をボウルに移す。底を氷水にあてながらゴムべら
　　で混ぜて20℃まで冷やす。

9　8に生クリームを3回に分けて入れ、泡立て器で
　　混ぜる。最後はゴムべらで全体が均一になるよう
　　に混ぜる。

[組み立て]

10　15cmのセルクルに底ができるようにラップをはり、9
　　の半量を流し入れ、冷凍庫で5分おいて表面を
　　少し固める。

11　冷凍していた6をジャムの面を下にして10の中央
　　にのせ ⓔ、残りのムースを入れる。

12　11に直径14cmのビスキュイをのせてムースの中に
　　少し押し込み ⓕ、横からビスキュイが見えないよう
　　にする。冷凍庫で冷やし固める。

[グラサージュを作る]

下準備

＊板ゼラチンを氷水でふやかす。

13　小鍋にAを入れ、湯煎にかけてチョコレートを溶
　　かす。ゼラチンをぎゅっと絞って加えて溶かす。

14　13にいちごのシロップを加え、薄いモーブピンクに
　　する（好みでシロップの量は加減する。シロップの
　　色により発色の具合は変わる）。少しとろみがある
　　程度まで冷ます。

[仕上げる]

15　12を型からはずし、網の上にのせる。14のグラ
　　サージュを一気にかけるⓖ。

材料 直径15×高さ6cmの丸型1台分

いちご … 300g

グラニュー糖 … 100g

バタークッキー … 60g

バター（食塩不使用）… 30g

A クリームチーズ … 220g

ギリシャヨーグルト … 100g

グラニュー糖 … 50g

B 卵白 … 70g

生クリーム（乳脂肪分35%）… 50g

レモン果汁 … 10g

薄力粉 … 20g

（飾り用）ピンクペッパー … 適量

下準備

＊材料はすべて室温に戻す。

＊型にオーブンシートを敷く（底取れ型の場合は、底をアルミ箔で包む）。

作り方

1　いちごは洗って、ペーパーでしっかり水けをのぞき、包丁でヘタを取り、1cm角に切る。

2　ボウルに1を入れてグラニュー糖をふり入れⓐ、2〜3時間おいて、水分を出す。水分をのぞいていちごが200g程度になればよいⓑ。

3　バターを湯煎か電子レンジに20秒かけて溶かし、ボウルに入れる。細かく砕いたバタークッキーを加えて混ぜ、型の底に敷き込みⓒ、冷蔵庫で冷やす。

4　フードプロセッサーにAを入れて攪拌し、なめらかにする。

5　4にBを加えて、しっかりと攪拌し、薄力粉を加えてさらに攪拌する。

6　5に2のいちごを加えてⓓ、少しいちごの粒が残る程度にざっと攪拌する。

7　型に6の生地を流し入れて、バットにのせる。60℃のお湯を底から2cm程度までバットに注ぎⓔ、160℃に予熱したオーブンで60分湯煎焼きにする。途中で上面が焦げるようならアルミ箔をかぶせる。冷めたら、冷蔵庫で冷やし、型からはずす。あればピンクペッパーをつぶしながら散らす。

山盛りのいちごを混ぜ込んだピンク色のチーズケーキは、気持ちが高ぶるかわいらしいルックス。ヨーグルト風味で、卵は卵黄を使わず、卵白だけで作るチーズケーキなので、食べごたえはあっても重くはありません。

いちごのベイクドチーズケーキ

スパークリングワインの いちごテリーヌ

いちごの甘酸っぱさとワインの少しの苦み、
炭酸のシュワシュワ感が
ひと口で味わえる欲張りなお菓子です。
さっぱりした口当たりは、
ティータイムのおやつにはもちろん、
食後のデザートにもぴったり。
少し贅沢にシャンパンで、またお子さん用に
サイダーで作るのもおすすめです。

材料 縦18×横7.5×高さ6.5cmのパウンド型1台分

いちご … 250g
スパークリングワイン … 200g
A グラニュー糖 … 50g
│ 水 … 100g
板ゼラチン … 12g

下準備

＊板ゼラチンを氷水でふやかす。
＊型にオーブンシートを敷き込む。

作り方

1 いちごは洗って、ペーパーでしっかり水けをのぞき、包丁で
ヘタを取り、型に入れる@。

2 小鍋にAを入れて火にかけ、60℃まで温める。

3 2にゼラチンをぎゅっと絞って加えて溶かす⑥。

4 ボウルに3を入れ、スパークリングワインを加えて混ぜる⑥。

5 ボウルの底を氷水にあてながら、ゴムべらでとろみがつくま
で混ぜる。

6 5を1の型に、いちごの表面が少し出る程度まで流し入れ
ⓓ、冷蔵庫で20〜30分冷やし固める。

7 残りの5を流し入れて、再度冷蔵庫で冷やし固める。一
度にゼリー液を入れると、いちごが浮いてきて、底がでこぼ
こになるので注意する。

とこか懐かしい味のするババロアを作りました。イメージはいちごミルクです。味に合わせて、型も少しレトロなタイプを選びました。グラスなどに入れて固め、そのまま食べる場合は、ゼラチンを1g程度減らすと、プルンとした食感になり、別のおいしさを味わえます。

いちごのババロア

材料　長径6×高さ4cmの楕円形のゼリー型6個分

いちご … 250g

グラニュー糖 … 30g

生クリーム（乳脂肪分35%） … 80g

板ゼラチン … 6g

ストロベリーリキュール … 5g

A　いちご … 50g

　　グラニュー糖 … 5g

ミントの葉 … 12枚

下準備

＊板ゼラチンを氷水でふやかす。

＊生クリームを八分立てにする。

作り方

1　いちごは洗って、ペーパーでしっかり水けをのぞき、包丁でヘタを取り、ハンドブレンダーやミキサーでピュレ状にする。

2　小鍋に1とグラニュー糖を入れて火にかけ60℃にする。ゼラチンをぎゅっと絞って加え、溶かす。

3　2をボウルに移し、底を氷水にあてながらゴムべらで混ぜて20℃まで冷やす。ストロベリーリキュールを加えて混ぜる。

4　3に生クリームを加えて泡立て器で混ぜる。

5　型をさっと水でぬらし、4を型に流し入れて、冷蔵庫で冷やし固める。

6　5が固まったら、型をさっとお湯につけてはずし器に盛る。

7　ボウルにAを入れて、ハンドブレンダーなどでソース状にする。6に添えてミントの葉を飾る。

材料　作りやすい分量

いちご … 300g

A 水 … 100g

　グラニュー糖 … 130g

　水あめ … 20g

　※水あめがなければグラニュー
　糖34gにかえてもよい。ただ
　し口当たりはざらっとします。

レモン果汁 … 10g

（好みで）黒こしょう … 少々

作り方

1　いちごは洗って、ペーパーでしっかり水けをの
　ぞき、包丁でヘタを取り、ハンドブレンダーやミ
　キサーでピュレ状にする。

2　鍋にAを入れて軽く温め、グラニュー糖をしっ
　かりと溶かす。

3　2を40℃以下に冷まして1を加え、ゴムべらで
　混ぜ合わせる。レモン果汁も加えて混ぜる。

4　3をジッパーつきの保存袋に入れて平らにし、
　冷凍庫で冷やす。途中で何回か、袋ごともん
　でなめらかにする。器に盛り、好みで黒こしょ
　うを添える。

レモン果汁できっぱりと仕上げた、みずみずしいソルベです。

レシピも味わいもシンプルで、

いちごの果汁の酸味、甘み、風味を最大限に生かしました。

いちごの種類による味の変化がわかりやすいスイーツなので、

ぜひ、いろいろな種類のいちごで楽しんでください。

水あめを加えるとなめらかに仕上がります。

いちごのソルベ

いちごのアイスケーキ

材料 縦18×横7×高さ5cmの長方形型1台分
※パウンド型でも作れます。
その場合は、オーブンシートを敷いてください。

いちご … 250g

A グラニュー糖 … 70g

水あめ … 20g
※水あめがなければグラニュー糖34gにかえてもよい。
ただし口当たりはざらっとします。

B 生クリーム（乳脂肪分45%）… 100g

プレーンヨーグルト … 50g

クッキー（市販のものでよい）… 3枚（底用）

ピスタチオ、アーモンドなど好みのナッツ … 各30g

クッキー … 2〜3枚

下準備

＊生クリームを八分立てにする。

ヨーグルトをミックスした
さっぱりしたアイスクリームと、
クッキーやナッツの香ばしさ、
サクサク、カリカリした
食感との組み合わせがくせになります。
水あめを少し加えることで、なめらかになります。

作り方

1　いちごは洗って、ペーパーでしっかり水けをのぞき、包丁でヘタを取り、ボウルに入れて手で粗くつぶす。

2　1のボウルに**A**を入れてゴムべらでよく混ぜる。

3　2に**B**を加えて、ゴムべらでさらに混ぜる。

4　3をジッパーつきの保存袋に入れて平らにし@、冷凍庫で冷やす。途中で何回か、袋ごともんでなめらかにする。

5　型の底にラップをはり、クッキーを底に並べる⑤。

6　4のアイスクリームをボウルに入れてハンドブレンダーやフードプロセッサーで攪拌してなめらかにする。

7　クッキーを砕き、ナッツ類を粗く刻み、6に混ぜる。

8　型に7をぎゅっと敷き込み、表面をならして冷凍庫で冷やし固める。型の周りをホットタオルで温めてからはずす。

いちごのジャム5種

シンプルないちごジャム

ミント & 黒こしょうのジャム

いちごとルバーブのジャム

シンプルないちごジャムに
薔薇、ミント＆黒こしょう、ルバーブ、ミルク、
ピスタチオミルクの5種類のエッセンスを組み合わせました。
パンにつけたり、ヨーグルトやアイスクリームに添えたり。
お菓子の素材として活用するのもおすすめです。
スパイスやハーブなどの分量は好みで調節して、
お気に入りの配合を見つけてください。

いちごと薔薇と
ミルクの二層のジャム

シンプルないちごジャムと
ピスタチオミルクの二層のジャム

シンプルないちごジャム

材料 作りやすい分量

いちご … 300g

グラニュー糖 … 120g

レモン果汁 … 10g

作り方

1　いちごは洗ってペーパーでしっかり水けをのぞき、包丁でヘタを取る。
*いちごは、水っぽくならないよう、必ずヘタつきのまま、さっと洗い、すぐに水けをのぞくのがポイント。

2　ボウルに1を入れてグラニュー糖をまぶし⒜、冷暗所に半日ほどおいて水分を出す⒝。

3　手で2の実をつぶす⒞。
*ごろっとした実を楽しみたい場合はつぶさなくてよい。

4　鍋に3を入れて強めの中火にかける。アクが出たらのぞき⒟、とろみがつくまで煮る。冷凍庫で冷やしたバットにジャムを1滴垂らして、バットを立てても垂れてこなければOK⒠。

5　仕上げにレモン果汁を加えて混ぜる。

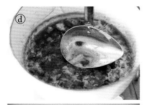

いちごと薔薇のジャム

作り方

「シンプルないちごジャム」の作り方1〜5と同じ。仕上げに、ローズウォーター小さじ1〜2を加えて混ぜる。

ミント & 黒こしょうのジャム

作り方

ミントの葉をみじん切りにして小さじ1程度分作る。黒こしょう15粒を瓶の底などで軽くつぶす。その後は「シンプルないちごジャム」の作り方1〜5と同じ。仕上げに、ミントの葉、黒こしょうを加えて混ぜる。

いちごとルバーブのジャム

作り方

ボウルにヘタを取ったいちごとざく切りにしたルバーブを150gずつ入れ、グラニュー糖をまぶし、冷暗所に半日ほどおいて水分を出す。「シンプルないちごジャム」と同じように煮る。

ミルクジャム

作り方

生クリーム（乳脂肪分45%）100gと牛乳100g、グラニュー糖50g、バニラビーンズ2cm分（さやに切り目を入れ種をかき出す。さやもともに使う）を小鍋に入れ、練乳くらいのとろみがつくまで弱火で煮詰める。

ピスタチオミルクジャム

作り方

「ミルクジャム」にピスタチオペースト10gを加えて作る。

*いちごジャムとミルクジャム（ピスタチオミルクジャム）に温度差があると傷みやすくなるので、同程度の温度にしてから入れること。
*いちごジャムを上にしてください。

ジャムの保存方法

① 鍋に、洗剤でよく洗った保存瓶を入れ、瓶がしっかりかぶるくらいたっぷりの水をはり、火にかけるⓐ。沸騰してから5分ほど煮沸する。

② 軍手をし、清潔なトングで瓶の口を下にして取り出すⓑ。乾いた清潔な布巾の上に瓶の口を上にして置き、自然乾燥させるⓒ。

③ 再度鍋の湯を沸かし、保存瓶のふたとジャムを瓶に移すスプーンを熱湯に5秒ほどくぐらせⓓ、乾いた布巾の上に置き、自然乾燥させる。

④ ジャムの温度は90℃以上に、保存瓶も温いうちに、ジャムを瓶の9割まで詰め、汚れたらアルコールで拭き取るⓔ。すぐにふたを閉めて1分待つⓕ。

⑤ 一瞬、ふたをゆるめ（ふたを開けすぎないこと）ⓖ、空気が抜ける音がしたら、すぐにふたを閉め直し、そのまま冷ます。

⑥ 長期保存する場合は、熱湯の中にジャムを詰めた瓶を入れて20分以上煮沸する。さびの原因になるため、ふたが湯につからないようにするⓗ。

⑦ トングで保存瓶を取り出し、瓶の口を上にして置き、冷ます。

【保存期間】
・どのジャムも冷蔵庫で約1カ月間、冷凍庫で1年間保存可能です。

いちごのサブレ2種
〜いちごジャムサンド & アイシング〜

材料 20枚分
（長径5.5×短径4.5cmの
オーバル形セルクルを使用）
※直径5cmのセルクルを使ってもよい。

好みのいちごジャム（P88）
　… 70g（サブレ5組）

［サブレ］

バター（食塩不使用）… 60g

A 薄力粉 … 90g
　粉糖 … 30g

卵黄 … 15g

［アイシング］ サブレ10枚分

粉糖 … 40g

いちごのシロップ（P54）… 大さじ1

フリーズドライいちご … 適量

下準備

＊バターは1cm角に切って冷凍庫で冷やす。

＊天板にオーブンシートを敷く。

＊オーブンを180℃に予熱する。

作り方

［サブレを作る］

1　フードプロセッサーにAと冷やした
　バターを入れて、バターがサラサラ
　になるまで攪拌する@。

2　1に卵黄を加えて生地がまとまるま
　で攪拌しⓑ、ラップに包んで1時間
　以上休ませるⓒ。

3　2の生地をめん棒で3mmの厚さにの
　ばしてセルクルで抜くⓓ（生地が柔
　らかく扱いにくいようなら一度冷凍
　庫で休ませるとよい）。

4　3を20分ほど冷凍庫で休ませ、天
　板に並べる。

5　4を180℃に予熱したオーブンで
　15分焼く。

［アイシングサブレを作る］

6　小さいボウルに粉糖を入れていちご
　のシロップを少しずつ加え、とろっと
　した状態にする。

7　5のサブレ10枚に6のアイシングを
　塗りⓔ、乾かないうちにフリーズド
　ライいちごをのせる。

［ジャムサンドサブレを作る］

8　好みのいちごジャムを電子レンジに
　1分かけて1度混ぜる。それを2〜
　3回繰り返して水分を飛ばし、50g
　くらいまでになったら、粗熱を取る。

9　5のサブレ10枚を2枚1組にして、
　8のジャムを適量挟む。

サクサクのサブレに好みのいちごジャムを
挟んだシンプルなデイリーのお菓子と、
いちごの香りをつけたアイシングをかけ、
フリーズドライいちごを散らした
リッチなプレゼント用お菓子をご紹介します。
一度に、いちごジャムサンド5個分、
アイシングクッキー10枚分が作れる分量です。

ピンク色がかわいいルビーチョコレートを
トップにかけて仕上げたパウンドケーキです。
ほのかにフルーティーなチョコレートなので、いちごとの相性は抜群。
アーモンドダイスを混ぜることで食感にメリハリがつき、
香ばしさも加わりました。
油は、香りの少ない太白胡麻油を使います。

いちごとルビーチョコの
パウンドケーキ

材料

縦18×横7.5×高さ6.5 cmのパウンド型1台分

シロップ漬けのいちご（P54）… 80g

薄力粉 … 10g

バター（食塩不使用）… 100g

グラニュー糖 … 60g

全卵 … 60g

A 薄力粉 … 40g
   ├ コーンスターチ … 45g
   └ ベーキングパウダー … 1g

［グラサージュ］

B ルビーチョコレート … 60g
   ├ 太白胡麻油（または米油）… 15g

アーモンドダイス … 10g

下準備

＊材料は室温に戻す。

＊型にオーブンシートを敷くか、バター（分量外）を塗って強力粉（分量外）をはたく。

＊オーブンを180℃に予熱する。

作り方

［ケーキを作る］

1　ボウルにAをふるい入れる。

2　シロップ漬けのいちごを取り出し、ペーパータオルにのせて水けをきる⒜。

3　2のいちごを1cm角に切り、薄力粉をまぶす⒝。

4　別のボウルにバターを入れて木べらで練って柔らかくしたら、グラニュー糖を3回に分けて加え、その都度混ぜる。

5　4に全卵を少しずつ入れて木べらで混ぜる。

6　5に1を3回に分けて加え、その都度木べらで混ぜる⒞。

7　6に3のいちごを加えて、木べらでさっくりと混ぜる。

8　7の生地を型に入れ、表面をならし、中央を少しくぼませる⒟。180℃に予熱したオーブンで45分焼く。型から出して、しっかりと冷ます⒠。

［グラサージュを作る］

9　アーモンドダイスを、180℃に予熱したオーブンで10分ほど、きつね色になるまで焼いて、冷ます。

10　ボウルにBを入れ、55℃のお湯で湯煎してチョコレートを溶かし、9のアーモンドダイスを混ぜる。

11　10を8のパウンドケーキに一気にかける⒡。

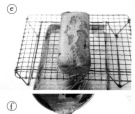

いちごとマスカルポーネの
サントノーレ

小さなシューを積み上げた
伝統的なフランス菓子です。
マスカルポーネといちごシロップを
ミックスしたクリームと
好みのいちごジャムで味わいます。
ここでは、いちごと薔薇のジャムで作りました。
シュー生地は少し余るので、
プチシューとして楽しんでも。

材料 6個分

いちごと薔薇のジャム (P88)
　　… 適量

[シュー生地] 作りやすい分量

A 牛乳 … 35g
　水 … 35g
　グラニュー糖 … 2g
　塩 … 2g
　バター (食塩不使用) … 28g

B 薄力粉 … 20g
　強力粉 … 25g

全卵 … 70g

冷凍パイシート … 適量

[クリーム]

C 生クリーム (乳脂肪分35%) … 200g
　マスカルポーネ … 100g

いちごのシロップ (P54) … 50g

[アイシング]

粉糖 … 20g

いちごのシロップ (P54)
　　… 小さじ2と1/2

下準備

＊シュー生地の材料は室温に戻す。

＊天板にオーブンシートを敷く。

＊オーブンを180℃に予熱する。

作り方

［シュー生地を作る］

1 鍋に**A**を入れて弱めの中火にかける ⓐ。沸騰したら火を止めて、**B**を一度に入れてゴムべらでよく混ぜる ⓑ。
   ＊しっかりと沸騰させることで温度の低下を防ぐ。

2 再び弱めの中火にかけて混ぜながら、しっかり火を通す ⓒ。底に薄い膜がはったらボウルに移す。
   ＊小麦粉のでんぷんが糊化するのは87℃以上のため、しっかりと火を通すこと。

3 2に全卵を少しずつ入れてハンドミキサーで混ぜる。
   ＊膨らみすぎを防ぐため少し固めに仕上げる。

4 パイシートをめん棒で2mmの厚さにのばし、直径6cmの丸型で6枚抜いてオーブンシートに並べ、フォークで穴をあける。

5 3を口径1cmの丸口金をつけた絞り袋に入れて、4のパイの上にリング状に絞る ⓓ。

6 5のオーブンシートの上に直径2cmのものを18個絞り ⓔ、水で濡らした指先で頂点を軽く押して形を整える ⓕ。

7 180℃に予熱したオーブンで30分焼く（途中でオーブンの扉を開けないこと）。取り出して冷ます。

［クリームを作る］

8 ボウルに**C**を入れて底を氷水にあてながらハンドミキサーでもったりするまで泡立てる。

9 8にいちごのシロップを加えて、さらに軽く泡立てる。

10 シュークリーム用の口金をつけた絞り袋に9を約半量入れ、7のプチシューと土台のシューに穴をあけて絞り入れる ⓖ。

11 9の土台のシューの中央にいちごジャムを詰める ⓗ。

［アイシングを作る］

12 容器に粉糖を入れ、いちごのシロップを少しずつ加えて、持ち上げたときにたらりと垂れる固さになるように、スプーンなどで混ぜる。
   ＊いちごのシロップの量は湿度や気温によっても変わるので、適宜調整する。

13 10のプチシューの表面に12のアイシングをつける ⓘ。

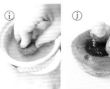

［組み立て］

14 10の土台のシューにアイシングでプチシューを3つ接着する ⓙ。

15 9の残りのクリームを星口金をつけた絞り袋に入れて、シューの間と上に絞る ⓚ。

いちごとミントのギモーブ

弾力があり、ふわふわで、
果実の味もストレートに味わえるのは
手作りのお菓子ならでは。
ここでは、いちごと相性のいいミントを加えて
爽やかな味に仕上げました。

ライムをきかせたヨーグルトムースに、
いちごの香り豊かなゼリー、
そしてジューシーな生のいちごを
組み合わせた爽やかなムースです。
「パティスリーのショーケースの中に
並んでいるようなお菓子」を
イメージして作りました。

いちごのヨーグルトムース

いちごとミントのギモーブ

材料 18㎝四方のキャドル1台分

いちご … 140g（ピュレにしたときの分量）

A グラニュー糖 … 140g
| 水あめ … 50g

水あめ … 50g

板ゼラチン … 13g

ミントの葉のみじん切り … 大さじ2

B コーンスターチ … 20g
| 粉糖 … 20g

下準備

＊板ゼラチンを氷水でふやかす。

＊オーブンシートの上にキャドルを置き、底に混ぜ合わせたCの少量を茶こしで薄くふるうⓐ。

作り方

1　いちごは洗ってペーパーでしっかり水けをのぞき、包丁でヘタを取り、ハンドブレンダーなどでなめらかにして裏ごし、ピュレ140g分を作る。

2　鍋に1とAを入れて火にかけ、ゴムべらで混ぜながら107℃まで煮詰めるⓑ。

3　別のボウルにふやかしたゼラチンを水けをぎゅっと絞って入れ、水あめと2を加えⓒ、ゼラチンを溶かす。

4　ハンドミキサーの高速でふわふわになるまで泡立てるⓓ。途中でミントを加える。

5　4をキャドルに流し入れて表面をならしⓔ、冷蔵庫で冷やし固める（常温で涼しい場所でも固まる）。

6　上面にもCの粉をふるう。キャドルの内側にナイフを入れてはずし、3㎝角に切るⓕ。べたつく場合はナイフにも粉をまぶすと切りやすい。全体に軽く粉をはたいて完成。

いちごのヨーグルトムース

材料 直径6×高さ5㎝のセルクル6個分

［ビスキュイ・ジョコンド］

A アーモンドプードル … 50g
| 粉糖 … 50g
| 薄力粉 … 15g

全卵 … 90g

B 卵白 … 50g
| グラニュー糖 … 10g

［ヨーグルトムース］

C ギリシャヨーグルト … 100g
| グラニュー糖 … 25g

生クリーム（乳脂肪分35％）… 80g

ライムの皮 … 1/2個分

ライム果汁 … 15g

板ゼラチン … 3g

牛乳 … 20g

いちご … 小約20個

［いちごのゼリー］

いちご … 100g（ピュレにしたときの分量）

グラニュー糖 … 10g

板ゼラチン … 2g

作り方

［ビスキュイ・ジョコンドを作る］

下準備

＊卵白は冷蔵庫で冷やす。

＊Aを合わせてふるう。

＊27cm四方のロールケーキ用天板にオーブンシートを敷く。

＊オーブンを190℃に予熱する。

1　ボウルにAと全卵を入れ、ハンドミキサーでもったりとするまで泡立てる。

2　別のボウルにBを入れてハンドミキサーで軽く角が立つまで泡立てる。

3　1に2を入れてゴムべらで混ぜる。

4　ロールケーキ用天板に3を流し入れて平らにならし⒜、190℃に予熱したオーブンで13分ほど焼き、冷ます。

5　4を直径6cmのセルクルで12枚抜く。

［ヨーグルトムースを作る］

下準備

＊板ゼラチンを氷水でふやかす。

＊生クリームを八分立てにする。

6　ボウルにCを入れて泡立て器で混ぜる。

7　6にライムの皮をすりおろし、ライム果汁も加えて混ぜる。

8　牛乳を電子レンジで20～30秒温める。板ゼラチンをぎゅっと絞って入れて溶かす。

9　8を7に入れて泡立て器で混ぜる。

10　9に生クリームを加えて泡立て器で混ぜる。最後にゴムべらで全体をしっかりと混ぜる。絞り袋に入れる。

［組み立て］

11　セルクルにラップをはって底を作り、5を1枚ずつ敷き込む。

12　いちごは洗ってペーパーでしっかり水けをのぞき、包丁でヘタを取り、2mmの厚さに切る。11の内側にいちごをはりつける⒝。

13　10のヨーグルトムースを1/6量ずつ12に絞り入れ⒞、中央にいちごを1個ずつ入れる⒟。上部を1cmほど残してさらにムースを絞り入れる⒠。

14　13に5をのせて⒡、冷蔵庫で冷やし固める。

［いちごゼリーを作る］

下準備

＊板ゼラチンを氷水でふやかす。

15　いちごは洗ってペーパーでしっかり水けをのぞき、包丁でヘタを取り、ハンドブレンダーなどでなめらかにして裏ごしし、ピュレ100g分を作る。

16　小鍋に15とグラニュー糖を入れて火にかけ、ゴムべらで混ぜながら60℃まで温める。

17　ゼラチンをぎゅっと絞って16に入れてゴムべらで混ぜる。

18　17をボウルに移し、底を氷水にあてて混ぜながら冷やす。

19　14の上に18を入れて⒢、冷蔵庫で冷やし固める。

いちごクリームのカンノーリ

材料 直径2.4×13.6cmのコルネ型（円筒タイプ）6個分

A 生クリーム（乳脂肪分45%）… 120g
　 いちごのシロップ（P54）… 70g
冷凍パイシート … 1枚（約20cm四方のもの）
フリーズドライいちご … 適量
ピスタチオ … 適量
［ドリュール］
B 卵黄 … 15g
　 卵白 … 15g

下準備

＊天板にオーブンシートを敷く。

＊オーブンを200℃に予熱する。

＊Bを混ぜる。

＊コルネ型に薄くバター（分量外）を塗る。

作り方

1　冷凍パイシートをめん棒で2mmの厚さにのばし、10cm四方に切る。

2　1をコルネ型に巻きつけて⒜、重なった部分にBを塗り密着させる。天板に並べ、全体にBを塗る。

3　2を200℃に予熱したオーブンで10分焼き、180℃に下げてさらに15分焼く。粗熱が取れたら、コルネ型からはずす（完全に冷めるとはずしにくいので、早めに）。

4　ボウルにAを入れてハンドミキサーで角が立つ程度に泡立て、星金口をつけた絞り袋に入れて3のコルネに絞り入れる⒝。好みに合わせて、フリーズドライいちごやピスタチオを細かく砕いて散らす。

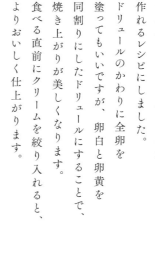

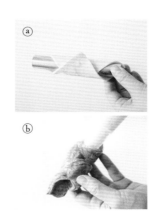

こちら、イタリアはシチリアの銘菓です。冷凍パイシートを使って手軽に作れるレシピにしました。ドリュールのかわりに全卵を塗ってもいいですが、卵白と卵黄を同割りにしたドリュールにすることで、焼き上がりが美しくなります。食べる直前にクリームを絞り入れると、よりおいしく仕上がります。

いちごのチーズクリームメレンゲサンド

いちごジャムとクリームチーズを合わせ、メレンゲ菓子でサンドした繊細なお菓子です。メレンゲはクリームを挟むとすぐに湿気ってしまいます。メレンゲにホワイトチョコレートを薄く塗ってから挟むと湿気にくくなるので、おすすめです。

材料 12個分

卵白 … 50g

粉糖 … 100g

［いちごのチーズクリーム］

シンプルないちごジャム（P88）… 100g

クリームチーズ … 100g

下準備

＊卵白は冷蔵庫で冷やす。クリームチーズは室温に戻す。

＊天板にオーブンシートを敷く。

＊オーブンを100℃に予熱する。

作り方

1　ボウルに卵白を入れ、粉糖を3回に分けて加えながら、ハンドミキサーで
　　角が立つまで泡立てる。

2　1を星口金をつけた絞り袋に入れて直径4cmにぐるりと絞るⓐ。

3　2を100℃に予熱したオーブンで90〜120分焼く。

4　いちごジャムを電子レンジに1分かけて一度混ぜる。それを2〜3回繰り返
　　して水分を飛ばし、50gくらいになったら、粗熱を取る。

5　ボウルにクリームチーズを入れ、4のジャムを加えてゴムべらでよく混ぜる。

6　3のメレンゲに5のチーズクリームをのせて挟む。

メレンゲのいちごソース添え

メレンゲを好きな形に絞って焼き、
いちごのシロップを好みの濃度に
煮詰めたものを添えて、お皿に盛る。
簡単ですが、まるで、レストランで供される
デセールのような見た目になります。
グラスに盛れば、スタイリッシュなパフェに。
卵白が余ったらメレンゲを焼いておいて、
冷凍庫でストックしておくといいでしょう。

いちごのシロップソーダ

いちごのシロップを炭酸水やお酒で割り、
漬けておいたいちごを浮かべる。
ただそれだけで、素敵なスイーツになります。
アイスクリームやカステラを添えると、
さらにワンランク上のお菓子に。

基本の材料と少し珍しい材料

いちごのナチュラルスイーツ

この章の焼き菓子には薄力粉と全粒粉、米粉を使っています。薄力粉は、スーパーで手に入る一般的な薄力粉や全粒粉でも作れますが、米粉はできるだけ指定のものを使ってください。甘味料はてんさい糖とメープルシロップをメインに使っています。

ファリーヌ（薄力粉）

江別製粉の、北海道産100％のお菓子用薄力粉です。ふわっと軽く仕上がるのが特徴です。

菓子用全粒粉（薄力粉）

薄力小麦をまるごと挽いた全粒粉です。小麦の香ばしさとほのかな酸味、コクがあります。

製菓用米粉

新潟県産のうるち米を粉末にしたもので、小麦粉のように洋菓子作りに使えます。スポンジケーキなどを作ったとき、気泡をつぶさないよう細かく製粉されているのが特徴です。

植物性油（米油）

植物油を推奨していますが、私は木徳神糧の米油「こめしぼり」を使っています。国産米ぬかを原料とした油で、くせがなく、軽やかに仕上がります。

ベーキングパウダー

膨張剤はラムフォードのベーキングパウダーを使っています。アルミニウム（ミョウバン）フリーなのが特徴です。

てんさい糖（ビート糖）

北海道のビート（てんさい）を原料とした甘味料です。くせがなくスッキリとした味わいと、粉末状で溶けやすいところが気に入って使っています。お菓子やパン作りのほか、料理にも使えます。摂取後の血糖値の上昇割合が低いことからヘルシーな甘味料として注目されています。

アガベシロップ

「いちごのハーブマリネ」（P10）、「いちごとライムの甘酒アイス」（P14）、「ストロベリージンジャーソーダ」（P49）にはバイオアクティブジャパンの「オーガニックアガベシロップ」を使いました。アガベシロップはブルーアガベ（リュウゼツラン）から採取したエキスで天然の無添加甘味料です。てんさい糖と同じく、血糖値の上昇割合が低いことからヘルシーな甘味料として注目されています。さらりとした甘さが好きで、個人的によく使っています。

メープルシロップ

カナダのデカセール社の「メープルシロップ」です。添加物不使用の純度100％。グレードはA。日本人好みのアンバーリッチテイストの品質です。風味とコクのバランスがよく、気に入っています。

甘酒

「いちごとライムの甘酒アイス」（P14）、「蒸しいちごの甘酒デザート」（P31）、「甘酒といちごのレイヤーゼリー（P37）に使いました。甘酒の味でアイスクリームの味も変わるので好みのものを選んでください。私は、コクとまろやかな甘みのバランスが好きで、マルクラ純正食品の「玄米こうじあま酒」を使っています。

皮なしアーモンドプードル

アーモンドパウダーともいいます。コクを出し、しっとり仕上げるため焼き菓子によく使っています。この章の焼き菓子の決め手といってもいい素材です。

バニラビーンズ

ラン科の植物のひとつで、さや状の果実。さやから種を取り出して香りづけに使います。代替品として、成分を抽出し香りづけしたバニラオイルやバニラエッセンスがあります。

基本の材料と少し珍しい材料

エレガントないちごのお菓子

この章の焼き菓子には薄力粉2種と強力粉の全部で3種類の小麦粉を使っています。同じブランドのものを使う必要はありませんが、お菓子の風味や食感などが変わりますので参考にしてください。

エクリチュール（薄力粉）

フランス菓子の味を実現しようとフランス産小麦粉を100%使用して開発された、中力粉に近い薄力粉です。粒子が粗くサラサラしてダマになりにくいのが特徴。焼き上げるとホロホロと優しく崩れる食感で焼き菓子にぴったり。この章では「いちごとルバーブのメレンゲタルト」（P62）、「いちごとピスタチオのタルト」（P72）、「いちごのサブレ2種」（P90）に使っていますが、ほかの薄力粉でも作れます。

ドルチェ（国産薄力粉）

北海道産小麦100%の菓子用薄力粉です。ふんわり仕上がりつつも、薄力粉にしてはたんぱく質量が多いため、口当たりが軽くなりすぎず、しっとり仕上がるのが特徴です。小麦粉の香ばしい風味が強いのも魅力的。この章では、エクリチュール以外はこの薄力粉を使っています。

スーパーカメリヤ（強力粉）

主にパンを作るときに使用する小麦粉ですが、弾力のある歯ごたえと、ざっくりした食感を出したくて「いちごとマスカルボーネのサントノーレ」（P94）のシュー生地に使用しています。

アーモンドプードル

アーモンドパウダーともいいます。アーモンドを粉末状にしたもので、しっとりさせたり、コクを出したり、少し香ばしさを出したいときに使います。「いちごのフレジェ」（P57）、「いちごとルバーブのメレンゲタルト」（P62）、「いちごのバタークリームのマカロン」（P68）、「ココナッツクリームのいちごマカロン」（P69）、「いちごとピスタチオのタルト」（P72）、「いちごのヨーグルトムース」（P97）に使っています。

微粒子グラニュー糖

この章のお菓子に使う砂糖は、すっきりした甘さが気に入っているのでほとんどが微粒子グラニュー糖です。もちろん上白糖でもかまいませんが、ややこっくりとした甘さに仕上がり、焼き色が少し濃くなります。

ルビーチョコレート

ルビーカカオ豆から製造される、ほのかにフルーティーな香りのするピンク色のチョコレートです。着色料も香料も入っていません。バリーカレボー社独自の技術によって作られています。「いちごとルビーチョコのパウンドケーキ」（P92）に使っています。

乾燥卵白

乾燥卵白とは卵白を乾燥させて、粉末にしたもの。卵白に混ぜることで卵白の濃度が上がり、状態が安定し、メレンゲが壊れにくくなります。「いちごのバタークリームのマカロン」（P68）、「ココナッツクリームのいちごマカロン」（P69）に使っています。

ピスタチオペースト

シシリー産のピスタチオを国内で加工した、純正のペーストです。メーカーによってかなり味が変わります。この本では、富澤商店のものを使っています。「いちごとピスタチオのタルト」（P72）、「ピスタチオミルクジャム」（P88）に使っています。

ライチのピュレ

フランスのラ・フルティエール社の冷凍ライチのピュレです。完熟させたライチに砂糖のみを加えたシンプルなもの。「いちごと薔薇とライチのムース」（P73）に使っています。

リキュール

製菓用洋酒メーカー・ドーバーのいちごのお酒ストロベリーリキュール（左）と、さくらんぼのお酒キルシュ（右）です。ストロベリーリキュールは「いちごのババロア」（P82）に、キルシュは「いちごのショートケーキ」（P56）、「いちごのフレジェ」（P57）に使っています。

この本で使った基本の道具

計量スプーン

大さじ（15mℓ）、小さじ（5mℓ）の ふたつがあれば大丈夫です。

ボウル

ひとつのお菓子の中で粉を混ぜる 作業と液体を混ぜる作業が出てきま すのでふたつあると便利です。

電子スケール

分量をより正確に量れるので、でき れば電子スケールを用意しましょう。

フードプロセッサー

「いちごとルバーブのメレンゲタルト」 （P62）、「いちごとピスタチオのタ ルト」（P72）、「いちごのサブレ2種」 （P90）の生地を混ぜるのに、また 「いちごのアイスケーキ」（P84） のアイスクリームを混ぜるのに使用。 手で混ぜるよりも早く正確に混ぜら れるのでおすすめです。お菓子作 りがぐっと楽に身近になります。

泡立て器

「いちごのナチュラルスイーツ」では、 粉類を混ぜるとき、または粉類と液 体を混ぜるときに使います。「エレガ ントないちごのお菓子」では主に生 クリームを泡立てるときに使います。

ハンドミキサー

「エレガントないちごのお菓子」で 卵や生クリームをしっかり泡立てると きに使います。手で泡立てることも できますが、あると便利ですし、お 菓子作りのハードルがぐっと下がりま す。「いちごのナチュラルスイーツ」 では使いません。

ハンドブレンダー

「いちごのナチュラルスイーツ」で豆 腐クリームや「エレガントないちごの お菓子」でピュレを作るときなど、素 材を攪拌してペースト状にするときに 使います。ミキサーでもOKです。

木べら

「エレガントないちごのお菓子」で 固めのバターを柔らかく練るときに 使います。

ゴムべら

材料を混ぜたり、すくいあげたりす るときには弾力のあるゴムべらを使 います。小サイズのゴムべらもある と少量の材料でも作業しやすいの で便利です。

スパチュラ

クリームを塗るための道具です。藤 沢さんは、お菓子の大きさや塗る 分量などに合わせて3本持ってい ますが、もしもこれから1本目を買 うという方は、30cm程度の中サイ ズのものをおすすめします。

温度計

左）ガラス棒状の200℃まで測れる 料理用温度計です。右）赤外線放 射温度計。−30〜550℃まで測定 可能。早く正確に測れるので、温 度を測ることの多い「エレガントない ちごのお菓子」を作る場合は、ひと つあると重宝します。

オーブンシート

天板に敷いたり、型からお菓子が 取り出しやすいよう、また生地の表 面が美しく仕上がるよう、型に敷き 込んだりします。

シルパン

洗って繰り返し使えるオーブンシー ト「シルパン」を藤沢さんは愛用し ています。メッシュ状になっている ため熱の通りがよく、生地がきれ いに焼き上がります。

口金

1）口径1cmの丸口金は「いちごとピスタチオのショートブレッド」（P24）、「い ちごのフレジェ」（P57）、「いちごのシャルロット」（P63）、「いちごのバター クリームのマカロン」（P68）、「ココナッツクリームのいちごマカロン」（P69） に。2）星口金は「いちごとルバーブのメレンゲタルト」（P62）、「いちごとマ スカルポーネのサントノーレ」（P94）、「いちごクリームのカンノーリ」（P100）、 「いちごのチーズクリームメレンゲサンド」（P102）に。3）口径3mmの丸口 金は「いちごのショートケーキ」（P56）に使用しています。

この本で使った型

パウンド型

縦15cm×横7×高さ6cmのパウンド型を「いちごのクランブルチーズケーキ」(P16)、「いちごとココナッツの蒸しパウンドケーキ」(P32)、「甘酒といちごのレイヤーゼリー」(P35)に使用。縦18×横7.5×高さ6.5cmのパウンド型をスパークリングワインのいちごテリーヌ」(P80)、「いちごとルビーチョコのパウンドケーキ」(P92)に使用しました。

タルト型

直径18cmのタルト型を「いちごの焼きこみタルト」(P30)、「いちごとルバーブジャムのタルト」(P40)に使用しました。

角型

18cm四方の角型を「いちごとチョコチャンクのケーキ」(P22)、15cm四方の角型を「いちごとピスタチオのショートブレッド」(P24)に使用しました。

丸型

直径18cmの丸型を「いちごとピーナッツバターのチョコブラウニー」(P44)に、直径15cmの丸型を「いちごのフレジェ」(P57)、「いちごとルバーブのメレンゲタルト」(P62)、「いちごのベイクドチーズケーキ」(P78)に使用しました。

ゼリー型

長径6×高さ4cmのゼリー型を「いちごのババロア」(P82)に使用しました。好みのゼリー型やプリンカップでも作れます。

長方形型

縦18×横7×高さ5cmの長方形型を「いちごのアイスケーキ」(P84)に使用しました。パウンド型でも作れます。

タルトリング

直径15×高さ2cmのタルトリングを「いちごとピスタチオのタルト」(P72)に使用しました。

キャドル

18cm四方のキャドルを「いちごとミントのギモーブ」(P96)に使用しました。角型でも作れます。

セルクル

直径6cmのセルクルを「いちごのクッキーサンド」(P41)、「いちごのヨーグルトムース」(P97)に、長径17.2×短径12.8×高さ4.5cmのオーバル型セルクル(自由が丘グランシェフにて購入可)を「いちごのショートケーキ」(P56)に、長径5.5×短径4.5cmのオーバル形セルクルを「いちごのサブレ2種」(P90)に使用しました。

いちごのナチュラルスイーツ

卵・白砂糖・乳製品なしの

小さいころは、夕食後のデザートにフルーツが食卓にのぼりました。旬の季節になると、毎晩のようにいちごを食べていました。

お気に入りの食べ方は、いちごをつぶしてお砂糖と牛乳をかけて食べる、いちごミルク。ピンク色になった甘酸っぱいいちごのスープが大好きでした。

『赤毛のアン』の物語が好きで、お話の中に出てくる「いちご水」が気になっていました。「いちご水ってどんな水？」と想像しながら、このつぶしたいちごのスープを眺めていたものでした。

アンの物語に出てくるいちご水は、実際はラズベリーコーディアルという、ラズベリーで作ったシロップ。今では、ラズベリーも皆さんになじみのあるフルーツかと思いますが、翻訳されたころはまだあまり知られていなかったので、「いちご水」としたそうです。もし「いちご水」がいちごで作ったものだったら、間違いなくこの本で紹介したと思います。

いちごで作った「いちご水」。きっと、「ストロベリージンジャーソーダ」（P49）のような、赤く透明でキラキラした色合いだったのではないかな〜と思います。

仕事でカフェや企業のメニュー開発をしていたころから、たくさんのいちごのお菓子を作ってきましたが、いちごは、いつでも、どこでも、どんな素材のスイーツメニューにも負けない、一番人気のフルーツでした。

魅惑的な赤のいちご。お菓子にすることで愛らしいピンク色へと変化してくれるいちご。そんないちごの色を意識して、また、いちごのかわいらしいフォルムを生かしたいなと思いながら、今回のお菓子は作りました。それぞれのお菓子の、いちごの色や姿を楽しんで作っていただけたらなと思います。

この本のためにいちごのお菓子を作っていたら、冒頭に書いたいちごをつぶして食べるピンク色のスープ、子どものころ以来やっていなかったので、食べたくなりました。どのレシピよりきっと簡単ないちごのデザート。温かくしてもおいしいだろうな。

この本でご紹介したお菓子とあわせ、よかったら皆さんもお試しください。

今井ようこ

フランス菓子ベースの
エレガントな
いちごのお菓子

お菓子づくりを楽しむ方なら、一度はいちごのお菓子を作ったことがあるのではないでしょうか。お菓子の中でもいちごのケーキが一番好きという方も多いですよね。

そんな誰にも愛されているいちごのお菓子。

かくいう私も大好きですし、春になれば、いちごを使ったお菓子のレッスンを必ずします。とはいえ、本書のテーマが「いちご」だと決まったときは、いちご好きの皆さんの期待に応えられるのかと、プレッシャーで身が引き締まる思いでした。

いちごは、鮮やかな赤と愛らしいルックスを持ち、甘い香りを放つ、飾っても、間に挟んでも、ピュレにして混ぜてもお菓子が華やかにおいしく仕上がる効力を持った魔法のフルーツです。

近年は、大粒でみずみずしく、糖度が高いいちごが人気ですが、お菓子に使うなら、やや小粒か小粒の、少し酸味が強いくらいのものがおすすめです。そんないちごを見つけたら、ぜひいちごのお菓子のために、手に取ってみてください。ジャムやピュレにしたり、お砂糖をふって水分を出し、旨みをぎゅっと凝縮させてから、焼き菓子に使ったり。

乳製品や卵の風味は、いちごの香りや味に優ってしまうことがあり、色みが悪くなることもあります。本書の「いちごのベイクドチーズケーキ」（P78）では卵白だけを使うことにしました。

フランス菓子では、ムースやババロアはフルーツのピュレと生クリームを同割程度にするのが定番。でも、「いちごのシャルロット」（P63）や「いちごのババロア」（P82）では、分離する手前の限界までいちごのピュレを入れています。こうして、ふんだんにいちごを配合できるのも、家で手作りするからこそできる贅沢ですね。

スパイスやハーブ、リキュールを使った、大人っぽい味わいのいちごのお菓子も多くご紹介していますが、お子様向けにはそれらを省いたり、代わりにノンアルコールのシロップを使ったりしてもおいしく食べられます。

初めていちごのお菓子を作る方はもちろんのこと、すでにレパートリーはたくさんあるという方にも新しい発見があればとてもうれしく思います。

藤沢かえで

お教室で生徒さんに驚かれる、便利な小技をご紹介。ボウルに氷をはったものを冷凍庫に常備しておくと、クリームを冷やしながら泡立てたり、混ぜるときに便利です。

今井ようこ（いまい・ようこ）

サザビー アフタヌーンティーの企画開発を経てフリー。企業との商品開発のほか、マクロビベースの料理教室roof主宰。著書に『桃のお菓子づくり』、『栗のお菓子づくり』、『いちじくのお菓子づくり』、『柿のお菓子づくり』（すべて共著、誠文堂新光社）、『Roofのごほうびクッキー』（文化出版局）、『まいにち食べたいヴィーガンスイーツ』（エムディエヌコーポレーション）ほか。

藤沢かえで（ふじさわ・かえで）

イル・ブルー・シュル・ラ・セーヌフランス菓子本科・卒業研究科修了。パリEcole Ritz Escoffierにて本場のフランス菓子を学ぶ。サロンスタイルのお菓子教室l'erable主宰。著書に『桃のお菓子づくり』、『栗のお菓子づくり』、『いちじくのお菓子づくり』、『柿のお菓子づくり』（すべて共著、誠文堂新光社）。

材料協力
株式会社富澤商店
オンラインショップ　https://tomiz.com/
電話番号：0570-001919

撮影　　　　　　邑口京一郎（カバー、いちごのナチュラルスイーツ）、
　　　　　　　　中垣美沙（エレガントないちごのお菓子）
スタイリング　　曲田有子
デザイン　　　　高橋朱里（マルサンカク）
校正　　　　　　安久都淳子
調理アシスタント　細井藍子、池田香織、須和田ふじ、
　　　　　　　　長谷川美智代、南薗妙子、古庄香織
編集　　　　　　斯波朝子（オフィスCuddle）

ショートケーキからタルト、ドーナツ、マカロン、
カンノーリ、大福、甘酒ゼリーまで

いちごのお菓子づくり

2023年1月20日　発行　　　　　　　　　NDC596

著　者　　今井ようこ、藤沢かえで
発行者　　小川雄一
発行所　　株式会社 誠文堂新光社
　　　　　〒113-0033 東京都文京区本郷3-3-11
　　　　　電話03-5800-5780
　　　　　https://www.seibundo-shinkosha.net/
印刷・製本　図書印刷 株式会社